세상이 기다리는 기독교

세상이 기다리는 기독교

지은이 | 스캇 솔즈
옮긴이 | 정성묵
초판 발행 | 2021. 9. 15
3쇄 발행 | 2024. 5. 17
등록번호 | 제1988-000080호
등록된 곳 | 서울특별시 용산구 서빙고로65길 38
발행처 | 사단법인 두란노서원
영업부 | 02)2078-3333 FAX | 080-749-3705
출판부 | 02)2078-3330

책값은 뒤표지에 있습니다.
ISBN 978-89-531-4079-0 03230

독자의 의견을 기다립니다.
tpress@duranno.com www.duranno.com

두란노서원은 바울 사도가 3차 전도 여행 때 에베소에서 성령 받은 제자들을 따로 세워 하나님의 말씀으로 양육
하던 장소입니다. 사도행전 19장 8-20절의 정신에 따라 첫째 목회자를 돕는 사역과 평신도를 훈련시키는 사역,
둘째 세계선교™와 문서선교단행본·잡지 사역, 셋째 예수문화 및 경배와 찬양 사역, 그리고 가정·상담 사역 등을 감
당하고 있습니다. 1980년 12월 22일에 창립된 두란노서원은 주님 오실 때까지 이 사역들을 계속할 것입니다.

세상이 기다리는 기독교

스캇 솔즈 지음
정성묵 옮김

두란노

스캇 솔즈의 글은 항상 좋다. 저자는 우리 부부의 친구이기도 하다. 그들은 우리가 복음을 선포하고 악과 맞서고 압제받는 취약 계층의 마음을 어루만지는 일을 잘 감당하도록 늘 격려해 준다. 이 책을 읽다 보면 예수님을 더 사랑하고, 그 사랑으로 인해 세상을 더 아름다운 곳으로 만들고 싶어진다. 이 책이 당신에게 바로 이런 영향을 미치리라 믿어 의심치 않는다.

크리스틴 케인(Christine Caine)_ A21과 프로펠 위민(Propel Women) 창립자

멋진 다양성을 지닌 기독교 공동체는 2천 년 동안 세상에 큰 소망을 전해 주었다. 그런데 기독교 공동체가 지금도 객관적인 진리에 관심이 있는지 의아하게 여겨질 때가 많다. 특히, 진리를 추구하면 세상적인 힘을 잃을 수 있는 상황에서 타협하는 모습을 자주 보았다. 크리스천들이 계속해서 이 길로 가면 기독교 공동체는 쇠락할 것이다. 그런 일이 벌어지지지 않기를 간절히 바란다. 그런 의미에서 이 책과 저자에게 깊이 감사한다. 저자가 이 책에서 그리고 있는 종류의 교회가 몹시 그립다. 나만 그런 것은 아닐 터이다.

도널드 밀러(Donald Miller)_ 《재즈처럼 하나님은》(Blue Like Jazz) 저자

저자는 우리가 이 땅에 있는 이유를 상기시켜 주는 능력이 탁월하다. 이 책은 인간적인 힘을 사용하지 말고 복음의 힘으로 나아가라고 촉구하는 외침이다. 저자가 우리에게 항상 '성경의 사람들'이 되라고 강조해 주어서 얼마나 감사한지 모른다.

레이첼 마이어스(Raechel Myers)_ 쉬리즈트루스(She Reads Truth) 창립자

우리는 믿음, 삶, 예수님과의 동행이 세상에 거부할 수 없는 매력을 발하기를 간절히 원한다. 하지만 실상은 편안하고 이기적인 삶의 방식에 갇히기가 너무도 쉽다. 안타깝게도 믿음이 없는 사람들은 금방 알아챈다. 그래서 그들은 우리를 비판적인 위선자라고 부른다. 우리는 그런 말을 들을만하게 행동할 때가 많다. 끌리기는커녕 눈살을 찌푸리게 만들 때가 많다. 저자를 통해 '거부할 수 없는 믿음'의 비전을 다시 일깨워 주신 하나님께 감사한다. 이 책은 현대 기독교의 많은 문제점에 대한 탁월한 해독제이다. 우리에게 그랬던 것처럼 이 책이 당신에게도 예수님이 가르치신 삶으로 돌아가는 길을 보여 주기를 간절히 소망한다.

게이브와 레베카 라이언스 부부(Gabe and Rebekah Lyons)_ Q 창립자들

내게 지난 10년은 신앙에 관한 답보다 질문이 훨씬 많은 세월이었다. 저자는 기도와 사려 깊은 탐구로 그 질문들과 씨름해 왔다. 이 책은 로봇과 같은 기계적인 신앙을 벗어 던지고 자석처럼 끌리는 진짜 신앙을 얻을 때 어떤 일이 벌어지는지에 관해 고민하고 탐구한 책이다. 이 책을 읽다 보면 저자와 나란히 걸으며 고견을 듣는 것만 같은 착각이 든다.

엘리자베스 해슬벡(lisabeth Hasselbeck)_ *Point of View*(시점) 저자

이 책은 매력적이고 솔직하고 투명하고 큰 소망으로 가득하다. 저자의 시각은 옛 진리들을 새로운 시각으로 보게 도와준다. 가독성과 깊이와 유쾌함이 균형을 잘 이룬 책이다. 이 책은 우리의 믿음을 세상 속에서 말이 아닌 행동으로 보여 주게 해 준다. 너무도 많은 크리스천들이 그리스도의 이름에 먹칠을 하고 사는 시대에 저자는 옳은 신앙의 본을 보여 준다. 현대 교회에 큰 선물이 아닐 수 없다.

피터 웨너(Peter Wehner)_ 윤리와공공정책 센터(the Ethics and Public Policy Center) 대표

저자는 먼저 남들과 자신에게서 하나님의 형상을 보는 법을 배워야만 이웃을 내 몸처럼 사랑할 수 있다는 메시지로 신념과 존중 사이의 균형을 찾게 도와준다.

존 이나주(John Inazu)_ 워싱턴대학교 법과 종교 교수

이 책을 읽다 보면 내내 고개를 끄덕이며 '맞아!'라고 외칠 수밖에 없다. 저자는 세상이 어떤 종류의 크리스천들을 절실히 원하는지 분명하게 보여 준다. 우리는 성령 충만하고 하나님 중심적이고 사람들을 사랑하고 성경을 믿고 공동체를 이루고 예수님을 사랑하며 살도록 창조되었다. 이 책은 우리 안에 그렇게 살려는 열정의 불을 일으킨다!

아론과 제이미 이비(Aaron and Jamie Ivey)_ *If You Only Knew*(나를 알고 나면) 저자

성경적이고 솔직하고 더없이 유쾌한 이 책에서 저자는 진정한 기독교가 왜 매력적인지를 보여 준다. 이 책은 크리스천들의 무너진 증언과 평판을 회복시키려는 이들에게 시의적절하고 믿을 만한 로드맵이다. 그리스도의 사명이 열매를 맺기 위해서 복음을 통한 개인적인 변화와 공동체에 대한 헌신은 선택사항이 아니라 필수사항이다. 이 책은 자주 간과되는 이 사실을 새롭게 일깨워 준다. 하나님의 은혜로 삶의 모든 영역에서 '세상의 빛'이 되기를 원한다면 이 책을 반드시 읽으라!

듀크 권(Duke Kwon)_ 그레이스메리디언힐교회(Grace Meridian Hill) 담임목사

저자가 우리의 머리와 가슴에 놀라운 작용을 하는 매력적인 책을 냈다. 그는 현대 기독교의 안타까운 상태를 정확히 진단한 다음, 용기를 주고 문화적으로 신뢰성을 주는 믿음으로 가는 길을 보여 준다. 읽는 내내 그의 통찰과 유머와 깊이에 정신없이 빠져들었다. 내가 본 그의 삶은 그가 이 책에서 가르치고 있는 그대로이다. 우리가 예수님이 처음 생각하신 교회의 모습으로 돌아가는 데 이 책이 큰 도움이 되리라 믿어 의심치 않는다.

존 타이슨(Jon Tyson)_ 처치오브시티교회(Church of the City) 담임목사

비기독교인들이 기독교에 대해 너무 많이 아는 것이 문제이다. 그들의 눈에 보이는 기독교는 세차게 거부하고 싶은 기독교이다. 이것이 내가 저자의 목소리에 그토록 감사하는 이유 중 하나이다. 이 책은 예수님을 따르는 모든 이들에게 더 아름다운 삶으로 우리의 믿음을 거부할 수 없을 만큼 매력적으로 만들라는 외침이다.

캐리 뉴호프(Carey Nieuwhof)_ 커넥서스교회(Connexus Church) **창립목사**

명쾌하고 시의적절한 이 책은 우리에게 각자 일하고 사는 곳에서 그리스도계로 돌아가야 크리스천들을 바라보는 곱지 않은 시선이 바뀐다고 주장한다. 저자는 진정한 기독교의 비전과 우리가 사라지면 심지어 비판자들까지도 슬퍼할 만큼 매력적인 기독교의 비전을 제시한다. 이 책은 혼자 혹은 그룹으로 읽고 일터, 학교, 갈등 속에서 아니, 매일의 삶 속에서 그리스도 안에 거하라는 새로운 비전을 받아들이라고 말한다. 지금은 거부할 수 없는 믿음을 지닌 크리스천들이 전에 없이 필요한 시대이기 때문이다.

미시 월리스(Missy Wallace)_ 내슈빌신앙일협회(the Nashville Institute for Faith and Work) **대표**

세상이 크리스천들을 보면 우리의 믿음이 이기적이고 편협하다고 믿기 쉽다. 하지만 이 책은 제자들을 변화시키는 예수 그리스도의 복된 소식이 세상도 변화시켜야 한다는 점을 일깨워 준다. 저자는 우리가 은혜로우신 하나님께 받는 사랑을 남들에게 쏟아 붓는 신앙생활이야말로 최상의 신앙생활이라는 점을 보여 준다. 우리의 이기적인 성향을 내려놓고 하나님과 그분의 사명에 헌신하기 위해 절실히 필요한 도구들을 제공해 준다. 이타적인 삶을 살도록 이 책과 사역을 통해 끊임없이 촉구하고 가르쳐 주는 저자에게 진심으로 감사한다.

제니 양(Jenny Yang)_ 월드릴리프(World Relief) **부사장**

Contents

PART 1
세상은
'본래의 기독교'를
원한다

PART 2
세상이 기대하는
'바로 그 공동체'가
되려면

PART 3

예수로 옷 입고
'우리를 기다리는
세상 속으로'

'세차게 거부하는
세상'을 녹일 수 있는
모험을 떠나라

대학 시절 나는 몇 달간 뉴잉글랜드 지역을 도보 여행했다. 그때 정말 재미있는 사람들을 많이 만났다. 그리고 정말 이상한 사람들도 만났다. 지금 와서 생각해 보면, 이글거리는 빨강 머리카락을 어깨 아래까지 치렁거리며 찢어진 청바지와 괴상한 티셔츠를 입고 맨발로 걸어 다닌 19세의 나야말로 정말 이상해 보였을 것이다. 당시의 나는 별로 많은 것이 필요하지 않았다. 그저 나를 태워 줄 차와 신발 한 켤레가 필요했을 뿐이다. 지나가던 차가 설 때마다 나는 그 차에 올라타기 전에 운전자를 자세히 보았다. 물론 운전자도 나를 위아래로 훑어보며 태워도 안전할지를 가늠했을 것이다.

　오늘날 우리 신앙 공동체 안에서도 매일 똑같은 일이 벌어지고 있는 듯하다. 우리는 누구를 믿을 수 있는지 누구를 걸러내야 하는지, 누구와 함께 가야 할지 누구를 피해야 할지 알기를 원한다. 요컨대 우리는 사람들 앞에서 우리의 신앙을 실천할 것인지 저울질하고 있다. 저자는 나의 좋은 친구이자 내가 철석같이 믿는 사람이다. 이 책은 신앙에 관하여 풀리지 않는 여러 질문과 씨름하는 데 많은 도움이 되었다. 이 책이 당신에게도 도움이 되리라 믿어 의심치 않는다.

　메인 주 뱅고르(Bangor) 외곽의 어느 고속도로 위에서 차를 잡으려고 하던 중이었다. 멀리서 차 한 대가 다가왔다. 턱수염을 기른 친절해 보이는 남자가 운전대를 잡고 있었다. 내가 조수석에 앉자 남자는 겸손한 음성으로 자신을 소개했다. "돈(Don)이라고 합니다." 남자는 머뭇거리며 손을 내밀었다. 돈은 달리 성이 없는 것 같았다. 하지만 상관없었다. 예수님이나 맥가이버(MacGyver), 셰어(Cher) 같은 인물일 것이라고 생각했다.

　알고 보니 돈은 숲에서 혼자 사는 은둔자였다. 그 전에는 은둔자에 관해서 말로만 들었지 그들을 만나 본 적도 그들이 어떻게 사는지 궁금한 적이 없었다. 그들이 혼자 산다는 것을 비롯해서 당연한 몇 가지 사실 외에는 아무런 정보가 없었다.

많은 사람이 자신의 신앙에 관해서 이런 심정일 것이다. 예수님을 따르고 싶다. 예수님을 따른다는 사람들도 몇몇 만나 보았다. 하지만 예수님을 어떻게 따라야 할지 도통 모르겠다. 은둔자로 사는 법을 알려 주는 참고서는 없지만 다행히 예수님은 그분의 제자로 사는 법에 관해서 많은 정보를 남겨 주셨다. 이 책에서 그런 정보를 아주 많이 발견할 수 있다.

어떤 크리스천들은 은둔자처럼 신앙생활을 한다. 크리스천들이 그렇게 섬에 고립되는 데는 몇 가지 이유가 있다. 신앙의 본질보다 외향에 관심을 가지게 된 것이 한 원인일 수 있다. 의견 차이로 인해 다른 사람들을 하나님의 형상에 따라 창조된 인간으로 보지 않게 된 것이 원인일 수도 있다. 신앙생활을 하다가 예수님을 따른다고 말로만 하고 행동은 전혀 딴판인 사람들에게 데인 경우도 있다. 이런 경우라면 이 책은 단순히 집으로 돌아오라는 초대가 아니다. 이 책에서 마치 예수님이 차를 세우고 함께 가지 않겠냐고 물으시는 것 같은 경험을 하게 될 것이다.

가다보니 날이 어둑어둑해졌다. 돈은 자신의 집에서 하룻밤 묵고 가지 않겠냐고 물었다. 나도 모르게 고개를 끄덕이고 말았다. 돈이 사는 집은 주변에 다른 집이 없는 곳에 위치해 있었다. 그의 집은 전기나 배관도 없었다. 가스통 하나와 조그마한 오븐 하나가 살림살이의 전부였다. 그는 집 뒤에 있는 우물에서 물을 길었고, 삶에 필요한 모든 것을 물물교환으로 해결했다. 하나님께서는 그런 은둔자를 통해 내게 누군가와 함께 사는 삶의 중요성을 가르쳐 주셨다. 나는 돈과 그날 하룻밤만 지내지 않았다. 무려 한 달을 그곳에서 기거했다.

아침마다 돈과 나는 촛대를 만들어 멀리 떨어진 이웃들의 집에 들렀다. 오후에는 그들의 밭에서 저녁거리로 채소들을 땄다. 넓은 장군풀밭에서 줄기를 따서 집으로 가져와 장군풀 파이를 만들었고, 이튿날 아침 다시 그것을 가지고 이웃들을 찾아가 우리에게 필요한 것들과 교환했다. 요컨대 우리는 필요한 다른 것을 얻기 위해 할 줄 아는 기술을 모두 사용했다.

많은 사람이 좀 더 실질적인 믿음을 원한다. 문제는 필요한 것을 얻기 위해 이미 가진 것을 사용하지 않는다는 점이다. 우리는 선행으로 하나님의 은혜를 살 수 있다고 생각한다. 하지만 그럴 수 없다. 그런데도 그렇게 하려고 하면 고아처럼 보인다. 또 우리는 완벽한 신앙인처럼 보이길 원한다. 그로 인해 우리의 망가지고 아픈 모습을 주변 사람들에게 솔직히 드러낼 때만 찾을 수 있는 아름다움을 놓치고 만다. 자신이 겪고 있는 고통과 외로움을 솔직히 인정하지 않고 일시적인 것들을 탐닉하며, 그 과정에서 우리에게 구주가 절대적으로 필요하다는 사실을 잊어버린다. 이 책에서 저자가 강조하는 것은 하나님이 우리를 홀로 내버려 두시지 않았다는 사실이다. 하나님은 우리에게 서로를 주셨다. 함께 더 깊은 믿음 속으로 들어갈 공동체를 주셨고, 그분의 아들도 주셨다. 다시 말해, 우리는 더 이상 은둔자처럼 살 필요가 없다.

이 책은 가장 진정한 신앙으로 돌아가라는 초대의 메시지이다. 또한 믿음으로 아름다운 뭔가를 만들어 내려는 사람들의 진정한 공동체에 참여하거나 그런 공동체를 만들라는 초대의 메시지이기도 하다.

메인 주에 가을이 찾아왔다. 잎사귀들이 형형색색의 옷을 입기 시작했다. 돈을 만난 날만 해도 내게 필요한 것은 나를 태워 줄 차와 신발 한 켤레가 전부라고 생각했다. 하지만 하나님은 더 깊은 신앙 속으로 들어가는 법을 아는 것이 필요함을 아셨다. 돈과 나는 이 교훈을 배우기 위해 둘 다 약간의 모험을 해야 했다. 당신도 더 깊은 신앙으로 들어가고 싶다면 약간의 모험이 필요할 것이다.

마침내 떠날 때가 되었고, 돈은 내가 남쪽으로 가는 차를 잡을 수 있게 고속도로까지 태워다 주었다. 작별 인사를 하고 차에서 내리려는데 돈이 뒷좌석으로 손을 뻗어 자루 하나를 건넸다. 그 안에는 신발 한 켤레가 들어 있었다. 그 신발을 지금도 고이 간직하고 있다.

우리가 고립된 섬에서 걸어나와 약간의 모험을 하면 하나님은 우리에게 필요한 것과 함께 갈 사람을 주실 것이다. 이 책은 우리 모두에게 필요한 것과 믿고 함께 갈 수 있는 분에 관해서 일깨워 준다.

돈이 내게 준 것은 신발 한 켤레만이 아니었다. 그는 바로 예수님을
주었다.

밥 고프_《모두를, 언제나》(*Everybody, Always*) 저자

그들의
눈에 비친
기독교

크리스천이라는 단어는 긍정적인 반응만큼이나 부정적인 반응을 불러일으키는 듯하다. 그래서 나는 심히 신경이 쓰인다. 당신도 신경이 쓰이는가?

"그리스도는 좋지만 크리스천들은 싫다. 크리스천들은 그리스도를 너무 안 닮았다."[1] 마하트마 간디(Mahatma Gandhi)가 한 것으로 알려진 이 말이 크리스천들에 관한 비판자들의 심정을 잘 대변해 주고 있다.

그리스도는 좋지만 크리스천들은 싫다?

최근에는 샌프란시스코의 저널리스트 허브 캐언(Herb Caen)이 이런 말을 했다. "거듭난 크리스천들의 문제점은 두 번째 생에서는 더 큰 골칫거리가 된다는 점이다."[2]

Vampire Chronicles(뱀파이어 연대기)의 저자 앤 라이스(Anne Rice)의 글도 실로 가슴 아프다. 한때 교회에 열심히 다녔다가 교회에 환멸을 느끼고 등을 돌린 사람의 글이라서 더 고통스럽다.

"관심이 있는 사람들이 있을까 봐 말한다. 관심이 없다 해도 이해한다. 현재 나는 크리스천이기를 그만두었다. 지금도 여전히 그리스도께는 헌신하고 있지만 '크리스천'이나 기독교의 일부가 되는 것에는 더 이상의 관심이 없다. 내가 다툼과 논쟁을 좋아하고 서로 적대적이어서 욕을 먹어 마땅한 이 집단에 '속하는' 것은 불가능하다고 판단했다. 십 년 동안 시도해 봤지만 결국 실패했다. 이제 나는 완벽한 아웃사이더이다. 내 양심이 그 집단 안에 머무는 것을 허락하지 않는다."[3]

창조주께 용서와 사랑을 받았고 성령 충만한 백성들로서 우리는 그녀의 말보다는 더 잘할 수 있다. 그렇지 않은가? 실제로 크리스천들이 한때는 잘했다. 사도행전에서 누가가 본 1세기 크리스천들에 관한 기록을 보라. 당시 크리스천들의 삶의 질은 실로 높았다. 예배는 진정성이 있었다. 함께하는 삶은 너무도 아름답고 이웃 사랑은 당연한 일이었다. 그리하여 그들은 "온 백성에게 칭송을" 받았고 "주께서 구원받는 사람을 날마다 더하게 하시니라"(행 2:47)라는 말씀을 이루었다. 그런데 어쩌다 이 지경이 되었을까? 어쩌다 세상이 그리스도께 끌리도록 하는 것이 아니라 그리스도에게서 멀어지게 만들었을까?

위의 글들에서 분명히 볼 수 있듯이 크리스천들은 예수를 제대로 보여 주지 못했다. 그로 인해 그분이 죽음과 장사와 부활로 시작하신 운동이 사람들에게 형편없는 평가를 받게 되었다. 세상의 관점에서 우리의 삶은 호감적이기보다는 비호감적이고, 친절하기보다는 공격적이고, 섬기기보다는 자기중심적이고, 충실하기보다는 변덕스럽고, 후하기보다는 물질주의적이고, 겸손하기보다는 교만해 보인다.

우리는 세상을 '향해' 빛나는 빛이기보다는 세상'으로부터' 만들어진 산물처럼 보일 때가 많다. 그리스도는 우리를 세상의 빛이요 땅의 소금이며 산 위의 동네로 부르셨지만 우리는 아직 갈 길이 멀다. 소금과 빛의 삶이라는 소명의 길에서 절뚝거린 것은 우리 세대 크리스천들만의 일은 아니다. 성경 시대는 물론이고 인류 역사 내내 우리는 넘어지고 또 넘어졌다. 술에 만취한 노아, 여성을 함부로 대한 아브라함, 거짓말을 일삼은 야곱, 자식들을 편애한 이새, 신세한탄에 빠진 엘리야, 간음과 살인을 저지른 다윗, 화려한 여성 편력을 자랑한 솔로몬, 거친 성격으로 남들과 자주 마찰을 일으킨 데다 비겁한 모습까지 보여 준 베드로, 세상에 빠진 고린도교회 등 성경에서 넘어진 성도의 사례를 찾자면 끝이 없다.

과거와 현재의 역사를 보면 그리스도의 이름으로 자행된 온갖 끔찍한 일이 많다. 만약 그리스도가 보셨다면 상을 몇 번이나 엎고도 남았을 법한 일들이 벌어졌다. 말뚝에 묶여 화형을 당한 세르베투스(Servetus), 십자군, 종교 재판, 아메리카 원주민 대량 학살, 노예제도, 백인 우월주의, 9·11 테러 공격이 미국에 대한 하나님의 심판이라는 맹목적인 주장 외에도 끝이 없다.

　마틴 로이드 존스(Martyn Lloyd-Jones)는 예수님의 산상수훈에 관한 탁월한 주석서에서 크리스천들이 세상과 다를수록 더 환한 세상의 빛이 될 수 있다고 말했다. 세상은 세상적인 것에 종교의 껍데기만 씌운 것을 원하지 않는다. 종교를 가진 이웃들이 서로 편을 갈라 도덕적 다툼을 벌이는 것을 원하지도 않는다. 세상은 다른 종류의 이웃을 갈망한다. 같은 종교인들을 부인하고 자신의 안위를 추구하고 자신의 꿈을 좇는 이웃이 아니라, 자신을 부인하고 자기 십자가를 지고 예수님의 뒤를 좇아 지친 세상에 사랑으로 생명을 불어넣는 이웃을 원한다. 진정한 삶과 우정으로 인해 지나가는 자리마다 더 좋은 곳으로 변모시키는 이웃을 갈망한다. 로이드 존스의 말처럼 "복음의 영광은 교회가 '세상과 완전히 다를' 때 세상을 강하게 끌어당긴다."[4]

　문제는 기독교의 본질이 아니라 기독교에 대한 우리의 그릇된 접근법과 이해이다. 우리는 균형과 초점을 잃고 한쪽으로 치우쳤다. 자신이 다른 사람들보다 거룩하다고 믿는 고집쟁이 바리새인들과 물질주의적이고 세속적인 사두개인들을 합친 것이 바로 현재 우리의 모습이다. 우리의 위치를 회복하려면 예수님과 성경을 온전히 따라 세상 속으로 들어가야 한다.

우리가 보여 줘야 할 매력적인 기독교

나는 기독교가 생명의 말씀을 세상 속에 전하는 존재로 회복되기를 간절히 원한다. 사도행전에 나오는 초대 교회의 모습을 보며 안타까움과 동시에 소망을 느낀다. 사도행전 속의 초대 교회를 볼 때마다 다음과 같이 묻게 된다.

'우리' 시대의 크리스천들이 이런 믿음을 회복하면 어떻게 될까? 우리가 현재 살고, 일하고, 즐기는 자리에서 가장 아름답게 살고 가장 깊이 사랑하며 가장 충성스럽게 섬기면 어떻게 될까? 팀 켈러(Tim Keller)가 말한 것처럼 우리가 마을, 도시, 국가 안에서 너무도 매력적이고도 사랑 가득한 삶을 살아서 우리가 갑자기 세상에서 사라지면 믿지 않는 이웃들이 우리를 지독히 그리워할까? 크리스천들이 불치병 진단을 받거나 우울증에 걸리거나 자녀가 엇나가거나 배우자가 이혼 소송을 하거나 가장이 실직을 당했을 때 '가장 먼저' 찾아가는 사람이 된다면 어떻게 될까? 원하지 않는 임신을 한 여성이 병원이 아닌 교회를 찾아간다면 어떻게 될까? 그녀가 비판이 아닌 사랑, 실질적인 지원, 지혜로운 조언, 절실한 격려를 얻기 위해 교회로 찾아간다면 어떻게 될까? 교회가 지구상에서 가장 배타적인 동질집단이 아니라 가장 포용적이고 다양한 집단이 된다면 어떻게 될까? 크리스천들이 최고의 친구들일 뿐 아니라 최상의 적, 즉 모욕을 친절로, 핍박을 기도로 갚아 주는 사람들이 된다면 어떻게 될까? 크리스천들이 예수님과 성경을 온전히 따라 세상 속으로 들어가기 시작한다면 어떻게 될까?

요컨대, 간디 지지자들이 "크리스천들은 그리스도를 너무 '닮았다'"라고 말한다면 어떠할까? 허브 캐언이 거듭나면 사람이 더 '좋아진다고' 말한다면 어떠할까? 앤 라이스가 교회 안에서 다른 교인들과 '함께' 그리스도를 따르기를 원한다면 어떠할 것인가? 크리스천들이 다시 '거부할 수 없는 존재'가 된다면 어떻게 될까? 우리가 심지어 믿지 않는 친구들과 동료들과 이웃들도 거부하지 못할 만큼 매력적이 된다면 어떻게 될까?

성경은 크리스천들이 그리스도의 향기를 발하기 위해 세상으로 보냄을 받았다고 말한다(고후 2:15). 크리스천들은 그리스도의 형상을 품은 자들이다. 은혜에 감격하여 사람들에게 천국의 맛보기를 보여 주는 영광스러운 임무를 맡은 사람들이다. 예수님은 우리가 지나간 곳마다 더 나아질 것이라고 선포하셨다. 우리가 더 나은 세상, 누구나 상상해 본 적이 있지만 누구도 온전히 보지 못한 세상의 표징이요 그림자가 될 것이라고 선포하셨다. 우리의 운동, 아니 우리를 통한 '그분의' 운동이 모든 나라와 족속과 방언의 사람들에게 거부할 수 없을 만큼 매력적이게 될 것이라고 선포하셨다. 소설가이자 시인 매들렌 랭글(Madeleine L'Engle)은 이렇게 썼다.

"우리는 사람들이 믿는 바를 대놓고 비판함으로써, 즉 그들이 얼마나 틀렸고 우리가 얼마나 옳은지를 지적함으로써 그들을 예수님께로 인도하지 않는다. 대신 우리는 그 근원이 무엇인지 간절히 알고 싶을 만큼 사랑스러운 빛을 보여 준다."[5]

그리스도의 모든 제자들이 공유하는 이 어두운 과거와 현재에도 불구하고 나는 낙관주의자로서 이 책을 썼다. 내가 낙관적인 이유는 우리를 통해 세상을 새롭게 변화시키고 사랑하겠다는 예수님의 계획은 '여전히' 변함이 없기 때문이다. 내가 낙관적인 이유는 부정적인 이야기들이 걱정스럽기는 하지만 그 이야기들이 전부가 아니기 때문이다. 부정적인 이야기들이 이야기의 핵심이 아니기 때문이다. 그리스도를 잘못 보여 준 이야기가 하나라면 지독히 아름다운 이야기는 족히 수천 개는 되기 때문이다. 역사 속에는 랭글이 말하는 "사랑스러운 빛"이 가득하기 때문이다. 진정으로 훌륭하고 아름다운 크리스천들이 삶에 가득하기 때문이다.

역사의 길에는 아름다운 크리스천들이 곳곳에 있다. 예를 들어, 크리스천들은 과학(파스칼, 코페르니쿠스, 뉴턴, 갈릴레오, 리제 마이트너, 프랜시스 콜린스), 의료(모든 병원의 명칭이 크리스천의 이름에서 비롯한다), 예술과 문학(렘브란트, 바흐, 도로시 세이어즈, 도스토옙스키, T. S. 엘리어트, 플래너리 오코너, 마코토 후지무라, 조니 캐시, 보노), 학교(아이비리그 대학들 중 한 곳만 빼고 전부 크리스천이 설립했다), 자비와 정의(윌리엄 윌버포스, 한나 모어, 도로시 데이, 조지 뮐러, 마틴 루터 킹 주니어) 분야에서 놀라운 리더십을 보여 주었다.

    하나님 도성의 결정적인 특징은 하늘 도시의 시민들이 곧 세상 도시의 가장 모범적인 시민이 된다는 것이다. 예수님의 편에 선다는 것은 곧 예수님의 마음으로 세상을 보고 세상의 번영을 추구한다는 의미이다. 요한복음은 이렇게 말한다.

> "하나님이 세상을 이처럼 사랑하사 독생자를 주셨으니 이는 그를 믿는 자마다 멸망하지 않고 영생을 얻게 하려 하심이라"(요 3:16).

    이는 단순히 그리스도와 사명만을 지칭하지 않는다. 이는 잃어버리고 망가진 세상에 파송된 그리스도의 제자로서 우리의 목적을 지칭하기도 한다. 다시 말해, 우리는 이 세상을 사랑해야 한다.

    이 땅의 것들이 아닌 위의 것들에 마음을 두라는 바울의 말을 세상을 떠나라는 뜻으로 오해해서는 곤란하다(골 3:2). 위의 것들, 곧 하나님이 관심을 기울이시는 것들에 마음을 둔다면 오히려 하나님이 지극히 사랑하신 세상 속으로 들어가게 된다. 그리스도 안에서 새로워지면 세상 속에서 그분의 제자가 된다. 우리는 주변 세상을 혐오하고 거부하는 사람이 아니라 주변 세상에 기여하는 사람으로 '보내심'을 받았다. 우리는 세상의 '산물'도 되지 말아야 하지만 세상의 '적'도 되지 말아야 한다. 세상을 따라 불법과 탐욕에 빠지지 말아야 하지만 세상보다 거룩한 척하지도 말아야 한다.

대신 우리는 모두의 선과 번영을 위해 세상 문화를 '형성하는' 자들이 되어야 한다. 우리는 로비와 술수로 권력과 특권을 지닌 '도덕적 다수'가 되려는 욕구를 일체 거부해야 한다. 대신, 사랑으로 자신을 내어 주는 선지자적 소수가 되라는 하나님이 주신 성경적인 소명을 추구해야 한다. 나는 이제 우리가 이 비전을 다시 품어야 할 때라고 생각한다. 그렇게 생각하지 않는가?

지금도 가장 순수한 형태의 기독교 신앙은 아름다운 삶들을 낳고 있다. 현대의 관찰자들이 이 모습을 주목하고 언급할 때마다 가슴이 벅차오른다. 〈뉴욕 타임스〉(New York Times) 칼럼니스트 니콜라스 크리스토프(Nicholas Kristof)는 오늘날 크리스천들이 가난과 인간 고통을 줄이는 데 남들보다 더 많은 시간과 돈을 희생한다는 점을 자주 언급한다. 오리건 주 포틀랜드의 동성애자 시장인 샘 애덤스(Sam Adams)는 지역 교회들과 함께 지역의 취약 계층을 도왔던 일이 너무 좋은 경험이었다고 공개적으로 말했다. 우리 내슈빌에서는 그리스도의 주장과 도를 막 접하기 시작한 한 낙태 시술자가 최근 우리 교인 중 한 명에게 이렇게 말했다. "당신의 하나님이 누구이든 간에 그분이 내 하나님이 되셨으면 좋겠어요." 크리스천 '때문에' 예수를 믿고 싶다는 뜻이리라.

바로 이것이 내가 참여하고 싶은 기독교이다. 바로 이것이 내가 추구하고 있는 기독교이다. 바로 이것이 사랑스러운 빛을 발하는 아름답고 '참된' 기독교이다. 바로 이것이 그리스도를 온전히 보여 주는 기독교이다. 바로 이것이 지친 세상 사람들, 냉소적으로 변해 버린 세상 사람들로 하여금 가던 길을 멈추고 '이들의 말이 사실이었으면 좋겠다'라고 생각하게 만드는 기독교이다.

성도는 성도답게, 기독교는 기독교답게

역사를 보면, 크리스천들에게서 이런 변화가 나타나자 세상은 크리스천을 거부할 수 없었다. 이 책에서 이 점을 증명해 보이고자 한다. 건강한 나무는 열매를 맺을 수밖에 없고 불이 붙은 초는 빛을 발할 수밖에 없는 것처럼 잘 형성된 그리스도의 제자들은 각자 살고 일하고 노는 곳에서 훌륭한 기여자가 될 수밖에 없다. 이 책은 그 방향으로 크리스천들의 등을 떠밀려는 하나의 시도이다. 세상은 오직 그리스도만이 주실 수 있는 희망을 갈구하고 있다. 이 책을 통해 크리스천들이 세상적인 것들은 떠나되 그런 세상을 향해 나아가게 만들고 싶다.

1부는 독자들이 영양과 빛의 궁극적인 근원이신 그리스도께 더 가까이 다가가도록 돕는 방향에 관한 이야기이다. 2부에서는 다른 신자들과 공동체를 이루어 사는 것이 이 일에 필수적인 요소인 이유를 탐구할 것이다. 3부에서는 받은 은혜를 세상 속으로 가져가도록 격려하고자 한다. 우리는 가난한 사람들을 돕고 믿음과 일을 통합해야 한다. 그래서 지나가는 곳마다 더 좋은 곳을 만들어야 한다.

거부할 수 없는 그리스도와 거부할 수 없는 공동체와 함께 이 여행을 떠날 준비가 되었는가? 그리스도의 은혜와 능력으로 우리 모두가 세상이 거부할 수 없을 만큼 매력적인 크리스천이 되길 바란다. 바로 이 목표를 향해 나아갈 준비가 되었는가?

자, 예수님이 말씀하신다. "와서 나를 따르라"(마 19:21).

"

Part 1

세상은
'본래의 기독교'를 원한다

우리는 남들에게 명백한 상처를 주지 않는 이상 어디로든 자신의 욕망이
이끄는 대로 따라가고 제멋대로 한다. 주변 사람들이 자신을 좋아하는 것
처럼 보이면 자신이 충분히 선하다고 생각한다. 그 과정에서 우리는 원했
던 것보다 다소 덜 인상적인 사람으로 변해간다. 우리의 실질적 자아와 원
하는 자아 사이에 창피할 만큼 큰 틈이 생긴다.
- 데이비드 브룩스(David Brooks)

아버지께서 내게 주시는 자는 다 내게로 올 것이요 … 나는 포도나무요 너
희는 가지라 그가 내 안에, 내가 그 안에 거하면 사람이 열매를 많이 맺나
니 나를 떠나서는 너희가 아무것도 할 수 없음이라 사람이 내 안에 거하지
아니하면 가지처럼 밖에 버려져 마르나니 사람들이 그것을 모아다가 불
에 던져 사르느니라 너희가 내 안에 거하고 내 말이 너희 안에 거하면 무엇
이든지 원하는 대로 구하라 그리하면 이루리라 너희가 열매를 많이 맺으
면 내 아버지께서 영광을 받으실 것이요 너희는 내 제자가 되리라 아버지
께서 나를 사랑하신 것 같이 나도 너희를 사랑하였으니 나의 사랑 안에 거
하라 내가 아버지의 계명을 지켜 그의 사랑 안에 거하는 것 같이 너희도 내
계명을 지키면 내 사랑 안에 거하리라 내가 이것을 너희에게 이름은 내 기
쁨이 너희 안에 있어 너희 기쁨을 충만하게 하려 함이라.
- 요한복음 6장 37절, 15장 5-11절

CHPTER 1

예수 안에 거하는 것,
이것이 출발점이다

대부분의 크리스천들에게 그리스도를 닮아가는 것(성경에서 '성화'라고 부르는)은 일종의 용두사미처럼 느껴질 수 있다. 사랑, 희락, 화평, 오래 참음, 자비, 양선, 충성, 온유, 절제(갈 5:22-23)들이 어제보다 오늘 좀 더 나아져도 기대했던 것만큼 성장하지는 못함에 아쉬운 마음이 든다. 아이러니하게도 예수님을 닮아갈수록 오히려 자신이 예수님을 덜 닮은 것처럼 느껴진다.

처음 크리스천이 되었을 때 나는 최고의 인간이 되리라는 기대감에 부풀어 올랐다. 이것이 예수님을 믿는 모든 자에게 하나님이 주시는 약속 아닌가. 하나님은 우리를 새사람으로 만들어 주실 뿐 아니라 새 삶을 주겠다고 약속하셨다. 새로 태어난 하나님의 자녀로서 나는 새로운 피조물이었다. 옛 스캇 솔즈는 가고 새로운 스캇 솔즈가 왔다(고후 5:17). 성령님이 내 안에 자리를 잡으셨다. 이는 예수님을 죽음에서 살리신 힘이 내 안에 살아 있다는 뜻이다. 이 힘이 나의 오류투성이 감정과 충동과 관념보다 하나님의 말씀과 길을 믿고 따를 믿음을 줄 것이었다. 이 힘이 인생의 슬픔과 실패와 불확실함 속에서도 소망을 줄 것이었다. 무엇보다도 이 힘이 내 안에서 하나님과 이웃을 사랑하는 능력을 일으킬 것이었다. 그리스도에 대한 믿음을 통해 나는 새로운 종류의 친구요, 이웃이며 배우자요, 기여자가 될 수 있었다. 내가 세상을 떠난 뒤에도 나의 '거부할 수 없을 만큼 매력적인 믿음'이 자자손손 기억되고 칭송받을 것이다.

새신자들처럼 그리스도 안에서 성숙될 모습을 떠올리며 마음속 열정이 느껴졌다. 사도 바울의 말처럼 "내게 능력 주시는 자 안에서 내가 모든 것을 할 수" 있게 될 것이었다(빌 4:13). 내가 최고의 인간이 되는 것은 시간문제였다. 적어도 나는 그렇게 생각했다.

나는 모순덩어리 신앙인이다

그로부터 29년이 지난 지금, 나는 훨씬 더 현실주의자가 되었다. 처음 예수님을 믿었을 때보다 오히려 지금의 내가 '더' 악하고, '덜' 거룩하고, '덜' 선한 사람처럼 느껴질 때가 많다. 그리스도를 닮아간 부분도 많지만 여전히 많은 부분에서 나는 그분을 무시하고 그분께 불순종하며 심지어 그분을 부인하기까지 한다.

내가 최상의 모습일 때 주변 사람들은 내 삶 속에 성령님의 열매가 맺히고 있다고 말한다. 하지만 나 자신이 최악의 모습일 때 주변 사람들은 내가 지극히 사소한 일에도 화를 낼 정도로 속이 좁다고 말한다. 나는 운전할 때 옆에서 소리를 내면서 음식을 먹는 사람들에게 짜증을 자주 낸다. 나는 돈에 관해서 생각할 때가 많다. 하나님의 은혜보다 사람들의 칭찬에서 만족을 찾을 때가 많다. 툭하면 내 안에서 이기심, 비겁함, 질투심, 세상적인 야망이 발동한다. 자꾸만 갈등을 회피하려고 한다. 바리새인처럼 남들의 관심을 끌고 하나님께 속한 찬사를 가로채기 위해 내 영적 은사를 사용하려고 한다. 오직 하나님만 받아 마땅한 영광을 내가 받으려고 한다. 영화에서 음란한 장면이 나와도 고개를 돌리지 않을 때가 있다. 미래를 하나님께 맡기지 못하고 미래에 관해 두려워할 때가 많다. 나는 그리스도를 믿지만 두려움이 많은 사람이다.

이런 이유로, 십자가 위에서 "나의 하나님, 어찌하여 나를 버리셨나이까?"라고 외치시는 예수님을 떠올릴 때마다 "나의 하나님, 어찌하여 나를 버리지 '아니'하셨나이까?"라는 생각을 하곤 한다. 나는 허먼 멜빌(Herman Melville)의 소설 《백경》(Moby Dick) 속의 선원 이스마엘(Ishmael)처럼 "머리가 심각하게 상해서 치료가 시급한" 상태이다.[1] 크리스천이 된 지 20년이 된 지금, 브레넌 매닝(Brennan Manning)의 다음 말이 그렇게 가슴에 와닿을 수가 없다.

> "나는 패러독스 덩어리이다. 나는 믿는 동시에 의심하고, 소망하는 동시에 낙심하고, 사랑하는 동시에 미워하고, 스스로를 자랑스러워하는 것에 대해 창피해하고 죄책감을 느끼지 않는 것에 대해 죄책감을 느낀다. 남을 잘 믿는 동시에 의심이 많다. 정직한 동시에 술책을 부린다. 아리스토텔레스는 내가 이성적인 동물이라고 말했지만 나는 내가 술이 무척 센 천사라고 생각한다."[2]

한때 기대했던 최상의 믿음은 한없이 멀게만 느껴진다. 오히려 내가 믿음 없는 문제덩어리로 보일 때가 많다. 당신은 어떤가? 이런 기분이 들 때가 있지 않은가? 그렇다면 우리의 상황은 절망적인 것일까?

감사하게도 절망하지 '않을' 이유가 많다. 용두사미와 같은 상황으로 실망스러울 때도, 그리고 예수님이 돌아오실 때까지 계속해서 우리가 본래의 영광에 미치지 못할 것이라는 사실을 직시하면서도, 예수님으로 인해 소망이 있다. 가장 위대한 믿음의 영웅들도 흠투성이였다는 사실을 알면 위로가 된다. 그들도 넘어지고 지치고 불안해했다. 심지어 그들도 최상의 모습일 때도 어쩔 수 없는 죄인이었다.

탁월한 언변으로 이스라엘 백성들에게 하나님의 성품을 선포했던 이사야 선지자는 성전에서 하나님의 거룩하심에 관한 환상을 본 적이 있었다. 그때 그는 부끄러움에 고개를 푹 숙였다. 창조주에 비하면 선지자이자 설교자인 자신의 몸에서 가장 순수하고 훌륭한 부분, 즉 '입'조차도 더럽기 짝이 없다는 사실을 절실히 깨닫고 한탄했다. "화로다 나여 망하게 되었도다 나는 입술이 부정한 사람이요"(사 6:5).

이와 비슷하게 사도 바울은 그리스도의 길을 가는 여행의 출발점보다 끝자락에서 자기 위선의 무게를 더 강하게 느꼈다. 그리스도를 믿은 지 얼마 되지 않아서 그는 자신을 "사도 바울"이라고 불렀다. 하지만 나중에는 "사도 중에 가장 작은 자 바울"이라고 불렀다가 이후에는 "모든 성도 중에 지극히 작은 자"라고 불렀다. 그러다 마지막에는 급기야 이런 말까지 했다. "미쁘다 모든 사람이 받을 만한 이 말이여 그리스도 예수께서 죄인을 구원하시려고 세상에 임하셨다 하였도다 죄인 중에 내가 괴수니라"(딤전 1:15).

또한 바울은 성령님이 주신 마음에 따라 살지 못하는 자신의 모습에 깊이 한탄했다. "오호라 나는 곤고한 사람이로다 이 사망의 몸에서 누가 나를 건져내랴 우리 주 예수 그리스도로 말미암아 하나님께 감사하리로다"(롬 7:24-25).

예수 그리스도 안에 인생의 큰 패러독스가 있다. 즉 우리는 집으로 가는 길에 있지만 아직 도착하지는 못했다. 우리는 현재보다 더 나아지길 원하지만 어떻게 나아가야 할지, 심지어는 어디서 시작할지도 제대로 모른다. 새사람이 되었지만 육신적인 옛사람이 여전히 남아 있다. 그리스도를 닮아가고 있지만 죄, 이기심, 자기애, 우상숭배의 성향이 계속해서 우리의 발전을 방해하고 있다. 이보 전진했다가 일보, 때로는 삼보 후퇴하기를 반복한다.

우리는 기묘하게 지음을 받은 존재인 동시에 연약한 존재이다. 당신이 가장 존경하는 믿음의 사람들도 약점이 있다는 사실이 위로가 되지 않는가? 이사야, 바울, 라합, 마르다 같은 성경 속의 수많은 남녀들이 하나같이 크고 고질적인 문제점을 안고 있었다는 사실이 위로가 되지 않는가? 그들 모두가 완벽을 '향해' 걸어갔지만 죽는 순간까지도 자랑할 것 없는 미완성 작품이라는 사실이 위로가 되지 않는가? 용감하고 자기희생적이고 영웅적인 예수님의 제자들이 우리처럼 문제투성이가 아니라면 우리의 상황이 얼마나 절망적인가. 그들의 실패는 하나님의 약속만큼이나 우리에게 위로가 된다. 그들처럼 망가진 죄인들에게 소망이 있다면 우리처럼 망가진 죄인들에게도 소망이 있기 때문이다. 하나님이 이런 사람들을 통해 세상을 뒤흔드셨다면 분명 우리를 통해서도 세상을 뒤흔드실 수 있다.

내 힘으로 불가능하다는 것을 인정하다

진정한 '변화'가 시작되어 세상이 우리 안의 빛을 느끼게 되는 출발점은 우리가 괜찮다는 깨달음이 아닌 우리가 괜찮지 '못하다는' 깨달음이다. 우리가 남들보다 우월하다는 확신이 아니라 누구보다도 부족하다는 확신이 필요하다. 우리가 강하고 유능하다고 믿는 것이 아니라 우리가 기묘하게 지음을 받은 동시에 연약한 존재라는 사실을 받아들이는 것이 필요하다(시 139:14).

모든 면에서 완벽한 존재가 되는 것이 아니라 우리가 그리스도 안에서 용서와 사랑과 자유를 얻고 충성스러운 종으로 살아갈 수 있다는 확신이 필요하다. 바로 이런 겸손한 자리에서만 그리스도를 닮은 모습으로 성장할 수 있다. "하나님이여, 불쌍히 여기소서. 나는 죄인이로소이다!"라고 부르짖을 때만이 하나님의 눈에 흠 없이 의로운 자로 여김을 받고 집으로 돌아갈 수 있다(눅 18:9-14).

로스앤젤레스에서 목회하는 내 친구인 랜킨 윌본(Rankin Wilbourne)이 늘 하는 말처럼, 하나님은 우리가 예수님을 '닮은' 만큼 사랑하시지 않는다. 하나님은 우리가 예수님 '안에' 있는 만큼 사랑하신다. 그리고 우리는 항상 100퍼센트 예수님 안에 있다.

　　이 책을 읽는 내내 이 진리를 머리와 가슴에 새기기를 바란다. 예수님을 닮기 위한 첫걸음은 우리가 예수님을 얼마나 덜 닮았는지를 인정하는 일인 동시에 예수님이 우리를 사랑하신다는 사실을 깨닫는 것이다. 이는 자신에 관한 의심을 억누르거나 숨겨서는 안 된다는 뜻이다. 그런 의심이 없는 것처럼 굴어서는 안 된다. 오히려 그런 의심에 귀를 기울이고 예수님에 관한 진리를 그 의심에 적용하기 시작해야 한다. 우리의 힘으로 하려고 하지 말아야 한다. 오히려 우리에게는 일말의 힘이 없다는 사실을 깨달아야 한다. 단지 우리에게 문제들이 있는 것이 아니다. 우리가 자신의 가장 큰 문제요 적이라는 사실을 이해해야 한다. 윌리엄 셰익스피어(William Shakespeare)의 희곡 중 카시우스(Cassius)가 한 말처럼 "이보게 브루투스, 잘못은 우리의 별이 아니라 우리 자신 속에 있네."[3]

　　마틴 로이드 존스 박사도 인간의 상황에 관해 비슷한 시각을 가졌다. "우리가 올라야 한다는 저 산을 바라보면서 가장 먼저 깨달아야 할 것은 우리 힘으로는 절대 해낼 수 없다는 사실이다. 우리의 힘으로 하려는 모든 시도는 이 점을 깨닫지 못했다는 확실한 증거이다."[4]

따라서 우리 삶을 향한 하나님의 부르심은 행동으로의 부르심이 우선이 아니라 상함과 통회로의 부르심이다. 하나님은 상하고 통회하는 마음을 멸시하시지 않기 때문이다.

"하나님께서 구하시는 제사는 상한 심령이라 하나님이여 상하고 통회하는 마음을 주께서 멸시하지 아니하시리이다"(시 51:17).

마지막 순간까지 계속해서 넘어지다

그래서 이 첫걸음 뒤에는 어떻게 되는가? 내 친구인 작곡가 톰 더글러스(Tom Douglas)가 자주 쓰는 표현에 따르면 "우리는 넘어진다."

여기에 패러독스가 있다. 우리는 계속해서 넘어지면서도 예수님을 닮아가기 위한 여행을 멈추지 않는다. 1세기 크리스천들을 향한 사도 바울의 바람은 오늘 우리를 향한 주님의 바람과 같다. 그 바람은 바로 그리스도가 우리 안에서 형성되고(갈 4:19) 성령의 열매(사랑, 희락, 화평, 오래 참음, 자비, 양선, 충성, 온유, 절제)가 우리의 삶 속에서 점점 더 뚜렷하게 나타나는 것이다(갈 5:22-23).

우리는 마지막 숨을 내쉴 때까지 상하고 넘어지고 죄에 빠지겠지만 그리스도를 닮은 모습과 성령의 열매를 추구하기를 멈추지 말아야 한다. 비록 이생에서 이것을 온전히 이룰 수는 없지만, 분투 자체도 그리스도가 주시는 선물임을 알고, 그분이 주시는 모든 힘으로 완벽을 '향해' 끊임없이 나아가야 한다. 처음부터 끝까지 우리의 소망은 하나님께 있어야 한다. 하나님은 우리 안에서 선한 일을 시작하셨고 예수 그리스도의 날까지 성실하게 그 일을 완성하실 것이다 (빌 1:6). 하나님은 우리를 구원하신 것과 같은 방식으로 우리를 완성시키실 것이다. 이 모든 것이 은혜이다. 하나님은 믿음을 통해 그리스도 안에서 우리를 완성하심으로서 오직 스스로 영광을 받으실 것이다.

약점을 극복하기 위해 끊임없이 분투하는 삶이 무엇인지를 새뮤얼 존슨(Samuel Johnson)만큼 잘 보여 준 인물도 없다. 크리스천이자 18세기 문학계의 거목인 존슨은 수십 년 동안 게으름이라는 '죽음에 이르는 죄'와 사투를 벌였다. 그의 일기장에서 찾은 몇몇의 발췌문을 소개한다.

"1738년

오 주님, 제가 게으름으로 허비한 시간을 회복할 수 있게 해 주십시오.

1757년 (19년 뒤)

오 하나님, 제가 게으름을 벗고 남은 날들을 부지런히 사용함으로써 게으름과 죄로 허비한 시간을 회복할 수 있게 해 주십시오.

1759년

게으름과 나태를 벗어 버릴 수 있게 해 주십시오.

1761년

결심하고 또 결심했더니 이제는 결심하기가 두려운 지경에 이르렀다.

1764년

지난 번 성례전에 참여한 뒤로 내 게으름은 극에 달했다. 이제부터 내 목적은 게으름을 극복하고 일찍 일어나는 것이다.

1764년

일찍 일어나기로 결심한다. 6시 이전에 일어날 것이다.

1765년

8시에 일어나려고 한다. 그렇게 해도 요즘 2시까지 누워 있는 것에 비하면 훨씬 이른 시간이기 때문이다.

1769년

어떤 결심도 하지 못할 상태이다. 그래도 아침 일찍 8시에 일어나려고 하고 일어나길 원한다. 점차 6시로 시간을 앞당기고 싶다.

1775년

매년 개선하고 고치기로 결심하고서 지키지 못했는데도 왜 다시 결심하려고 하는가? 그것은 개선이 필요하고, 절망은 죄이기 때문이다(그는 8시에 일어나기로 다시 결심했다).

1781년(죽기 3년 전, 첫 결심을 한 지 43년 뒤)

절망하지 않으리라. 오 나의 하나님, 나를 도우소서(그는 게으름을 이기기 위해 8시 혹은 더 빨리 일어나기로 결심했다)".[5]

우리만 실패하는 것이 아니다. 존슨은 43년간 실패와 좌절을 반복했다. 당신과 나를 끊임없이 괴롭히는 죄와 실패는 존슨에게도 평생의 짐이었다. 하지만 그 모든 실패는 하나님이 그를 만들어 가는 데 중요한 역할을 했다. 어떤 면에서 실패와 실망의 자리야말로 하나님이 원하시는 우리의 자리이다. 그 자리에서만 우리가 예수님의 사랑과 인자를 얼마나 필요로 하는지 볼 수 있기 때문이다. 그 자리에서만 우리는 예수 그리스도를 떠나서는 아무것도 할 수 없다는 사실을 깊이 깨달을 수 있다(요 15:5).

예수 그리스도 안에서는 모든 것이 가능하다. 새뮤얼 존슨의 경우, 수십 년간 게으름과의 싸움에서 졌음에도 불구하고 저명한 문호이자 윤리학자가 되었다. 스스로를 "지독히 비참한 인생"이요 "슬픈 이야기"로 불렀던 존슨은 시, 철학, 정치 평론, 사전학을 비롯한 다양한 방면에서 전문성을 지닌 당대 최고의 문호였다. 특히 1775년에 그는 최초의 《영어사전》(*Dictionary of the English Language*)을 출간하여 나중에 '사전 존슨'이란 별칭을 얻었다.[6]

아내가 자주 말하듯이 예수님을 제외한 모든 사람은 온갖 것이

들어 있는 자루(a mixed bag)이다. 새뮤얼 존슨처럼 대단한 사람도 예외는 아니다. 그는 평생 많은 문제를 안고 살아갔다. 하지만 그의 삶은 전혀 헛되지 않았다. 심지어 심각한 문제를 안고 자기 의심에 시달리던 시절에도 그는 세상을 더 좋은 곳으로 만들었다. 그는 노력과 섬김을 통해 하나님이 주신 빛을 세상에 환하게 발했다.

현재에서 벗어나 더 나은 삶으로

우리가 거북이 걸음과도 같은 발전 속도에도 힘을 낼 수 있는 또 다른 이유가 있다. 내가 마지막으로 확인했을 때 아마존에는 861,000권의 자기계발서적이 판매되고 있었다. 자기계발이 이렇게 인기가 많은 것은 인간이 끊임없이 더 나은 무언가를 갈망하며 산다는 방증이다. 이것이 우리가 새뮤얼 존슨처럼 항상 지키지도 못하면서 새해마다 결심을 하는 이유이다. 우리는 항상 답답해한다. 우리는 더 나은 모습을 위해 창조되었으며, 스스로 그것을 알고 있다. 바울이 로마 교회에 보낸 편지에서 말했듯이 우리는 이 갈망의 무게 아래서 신음하고 있다(롬 8:22-24). 하나님의 빛이 우리 안에서 발하고 있다면 이 답답함은 결국 해결될 것이다. 또한 아직 이루어지지 않은 것에 대한 소망이 될 수 있다. 이것을 거룩한 불만족이라고 부른다. 언젠가 이루어질 것에 대해 기대하며 안달하는 행동이다. 우리가 예수님의 모습을 그대로 보고 그분과 같아질 것을 기대해야 한다(요일 3:2-3).

'더 나아지려는' 떨칠 수 없는 내면의 갈망은 내면 깊은 곳에서 우리가 잘못하는 것을 당연한 것으로 여기지 않고 있다는 뜻이다. 성경을 따르고 성령으로 충만해지며 하늘 아버지처럼 완벽해져야 한다는 부르심을 늘 의식하면 인간은 누구나 실수한다는 말을 당연하게 여기지 않는다. 하나님의 형상을 따라 창조된 자로서 우리는 더 나은 상태를 갈망하도록 설계되었다. 같은 맥락에서 블레즈 파스칼(Blaise Pascal)은 다음과 같이 썼다.

"인간의 위대함은 너무도 분명해서, 심지어 그 불행함을 통해서도 증명된다. 짐승에게는 당연한 것을 인간은 불행하다고 말한다. 이는 짐승과 같은 우리의 본성이, 한때 우리의 것이었던 더 나은 본성에서 타락한 것임을 우리가 알고 있다는 뜻이다. 폐위된 왕 외에 누가 왕이 아닌 상태를 불행하게 여기겠는가?"[7]

더 간단하게 말해, 새뮤얼 존슨으로 하여금 성화 과정을 포기하지 않게 만들었던 갈망이 우리 안에도 있다. 우리는 자라야 한다. 우리는 개선되어야 한다. 우리는 현재 상태에서 벗어나 더 나은 상태로 나아가야 한다. 하지만 어떻게 그럴 수 있는가?

용서받고 완벽하고 사랑받는 존재

사도 바울은 크리스천들이 어떻게 예수님을 닮아가는지에 관해 가르칠 때 다음과 같은 희망적인 말로 시작했다.

> "너희는 성령을 따라 행하라 그리하면 육체의 욕심을 이루지 아니하리라 육체의 소욕은 성령을 거스르고 성령은 육체를 거스르나니 이 둘이 서로 대적함으로 너희가 원하는 것을 하지 못하게 하려 함이니라 너희가 만일 성령의 인도하시는 바가 되면 율법 아래에 있지 아니하리라"(갈 5:16-18).

이 마지막 문장을 자세히 살펴볼 필요가 있다. 우리가 어떻게 성장하는지를 알기 위해서는 이 문장을 이해하는 것이 필수적이기 때문이다.

"율법 아래에 있지 아니하니라." 이 놀랍고도 심오한 진술은 우리가 더 이상 하나님의 심판이라는 무시무시한 위협 아래에 놓여 있지 않다는 뜻이다. 십자가 위에서 예수님은 우리가 죄로 인해 받아 마땅한 형벌을 대신 당하셨다. 덕분에 우리의 심판 날은 미래에서 과거로 넘어갔다. 그리스도 안에서 정죄가 없다는 선언으로 시작되는 성경의 장에서 계속해서 반복되는 명령이 "두려워하지 말라"인 이유를 설명하는 것은 너무도 쉬운 일이다. 바울은 환난, 고통, 핍박, 기근, 헐벗음, 검 같은 혹독한 환경 속에서도 하나님이 우리를 위하시면 그 무엇도 우리를 대적할 수 없다고 주장한다. 그리고 하나님은 분명 우리를 위하신다. 우리 모두를 위해 아들까지 내어 주셨다. 세상의 그 어떤 것도 그리스도 안에 있는 우리를 하나님의 사랑에서 떼어 놓을 수 없다(롬 8:31-39).

우리가 예수님 안에 있고 율법 아래에 있지 않다는 것은 우리가 하나님의 눈에 '완벽하다'는 뜻이다. 우리 힘으로 아무것도 증명해 보일 필요가 없다. 예수 그리스도의 흠 없고 완벽히 선한 삶, '그분의' 사랑, '그분의' 희락, '그분의' 화평, '그분의' 오래 참음, '그분의' 자비, '그분의' 양선, '그분의' 충성, '그분의' 온유, '그분의' 절제가 십자가에서 영원히 우리의 것이 되었다. "하나님이 죄를 알지도 못하신 이를 우리를 대신하여 죄로 삼으신 것은 우리로 하여금 그 안에서 하나님의 의가 되게 하려 하심이라"(고후 5:21).

고귀한 혈통이나 명예가 없어도 상관없다. 믿음을 통해 우리는 하나님의 눈에 흠이 없어진다. 우리의 선행이 아니라 하나님의 선하신 역사로 인해 우리는 위치적으로(positionally) 완벽해진다.

여기서 끝이 아니다. 예수님 안에서 우리는 하나님께 가장 길고, 넓고, 높고, 깊은 '사랑'을 받고 있다. 그 무엇도, 심지어 우리 자신도 우리를 그 사랑에서 떼어 놓을 수 없을 정도다(롬 8:31-39). 따라서 아무것도 숨길 필요가 없다. 의의 가면을 벗어던져도 된다. 선한 척할 필요가 없다. 이제 우리의 구주가 되신 심판관 앞에서 다시 우리는 "벌거벗었으나 부끄러워하지 아니한" 삶, 자유로운 삶을 살 수 있다. 우리의 삶은 그리스도의 완성된 사역 안에 있기 때문에 예수님의 세례를 받으실 때 선포되었던 하나님의 축복이 이제 우리의 것이다. 즉 우리는 하늘 아버지가 기뻐하시는 아들이요 딸이다. 예수님 안에서 성부 하나님은 우리를 매우 기뻐하시고 잠잠히 사랑하시며 우리로 인해 사랑의 노래를 부르며 기뻐하신다(습 3:17). 예수님 안에서 성부 하나님은 우리에게 그분을 친밀하게 "아빠"라고 부르라고 초대하신다.

이제 우리는 예수님의 완성된 사역을 통해 하나님이 주신 정체성을 입으라는 초대를 받았다. 저자 브레넌 매닝의 표현을 빌리자면 "당신을 하나님께 사랑받는 자로 정의하라. 이것이 진정한 자아이다. 다른 모든 정체성은 착각이다."[8]

그리스도 안에서 우리의 정체성은 성도이다. 우리는 하나님이 온전히 알고 온전히 사랑하시는 존재이다. 우리는 하나님이 찾아 구원하신 존재이다. 거부당하는 존재가 아니다. 세상의 그 어떤 것도 이 사실을 바꿔 놓을 수 없다.

크리스천들에 대해서는 행위가 완성되었다. 그리스도 안에 있는 하나님의 자녀로서 더 이상 우리는 의지력과 도덕적 결심으로 하나님의 인정을 받으라고 말하는 피곤한 종교나 공허한 철학의 노예가 아니다. 스스로 자신의 (혹은 다른 누군가의) 구원자가 되어야 할 필요가 없다. 모든 짐이 벗겨졌다! 하나님이 우리를 전심으로 사랑하신다는 확신으로 인해 우리는 자유롭다. 예수님은 "수고하고 무거운 짐 진 자들아 다 내게로 오라 내가 너희를 쉬게 하리라"라고 말씀하셨다(마 11:28). 이 자유는 세상이 거부할 수 없는 흔적을 남기는 크리스천으로 성장하게 만들어 준다.

변화와 성장을 위한 준비된 로드맵

크리스천이 되면 우리를 바라보시는 하나님의 시각이 변한다. 우리를 예수님의 완성된 사역을 통해서만 바라보시고 그에 맞게 대해 주신다. 바로 이것이 변화의 원동력이다. 이제 우리는 하나님의 눈에 용서받고 사랑받는 존재로 선포되었기 때문에 자유 안에서 하나님의 법에 순종할 수 있다. 이제 우리는 하나님의 눈에 들기 위해서가 아니라 자유의지를 가지고 순종을 추구한다. 이제 우리는 하나님의 눈에 '이미 이루어진 상태'를 이루기 위해 순종한다.

진정한 크리스천이 되면 하나님의 법이 우리에게 새로운 차원과 역할을 갖게 된다. 이제 율법은 우리의 행동을 제약하는 요인이 아니라 우리를 인도하는 요인이 된다. 율법은 더 이상 우리를 정죄하는 고발장도 아니요 좌절감만 안겨 주는 높은 장애물이 아니다. 우리는 하나님께 용서와 사랑을 받는 자녀이기 때문에 우리에게 율법은 물고기에게 물과 같은 존재이다. 하나님의 형상을 따라 창조된 우리에게 율법은 가장 건강하고 자유로운 서식지이다. 율법은 우리가 이미 받은 "그 앞에 거룩하고 흠이 없"는 자라는 이름에 걸맞게 성장하기 위한 로드맵이다(엡 1:4). 하나님의 자녀로서 우리는 자유 안에서 '하나님의 율법에 맞게' 자라갈 수 있다.

이렇게 예수님의 용서, 완벽한 의, 사랑, 성품에 맞게 자라가는 과정은 말 그대로의 '과정'이다. 바울은 이를 설명하기 위해 성령의 열매를 비유로 사용했다(갈 5:22-23). 열매는 즙이 풍부하고 달콤한 상태로 자라서 익지 않는다. 열매는 하나님이 정하신 느리고도 평범한 과정을 통해 서서히 자란다.

사과나 오렌지처럼 영적 열매는 계절에 따라 자란다. '쉬는' 계절에는 잎이 떨어지고 열매를 맺지 않아 마치 나무가 죽은 것처럼 보이기도 한다. 하지만 분명히 죽은 것이 아니라 잠자고 있을 뿐이다. 생명과 열매가 없어 보이지만 실은 열매 맺는 계절을 준비하고 있다. 그리스도 안에서의 생명도 마찬가지이다. 한동안 생명의 '징후'가 사라질 수 있다(예를 들어, 베드로가 그리스도를 부인하거나 도마가 의심을 품었을 때처럼[9]). 하지만 '생명'은 여전히 존재한다. 베드로와 도마의 경우, 그리고 모든 과실수의 경우처럼 휴지기에 있는 참된 크리스천들은 결국 다시 열매를 맺게 되어 있다. 이것이 그들의 진정한 본성이다.

또한 사과나 오렌지처럼 성령의 열매는 즉시가 아니라 점진적으로 자라는 경향이 있다. 식물이 눈앞에서 실시간으로 자라는 모습을 본 적이 있는가? 그럴 수는 없다! 하지만 성장을 실시간으로 볼 수 없다 해도 나중에는 분명히 확인할 수 있다. 성령의 열매도 마찬가지이다. 한때 씨앗이었던 것이 새싹이 된다. 한때 새싹이었던 것이 작은 나무가 된다. 한때 작은 나무였던 것이 거대한 나무가 되어서 풍성한 열매를 맺는다. 거대한 과실수였던 것이 하나의 과수원을 이룬다.

처음 목회를 시작했을 때는 어떤 종류의 비판도 잘 받아들이지 못했다. 성도나 친구나 가족의 사소한 지적도 감정적으로 받아들여 발끈하거나 의기소침해졌다. 비판이 옳을 때는 자기혐오에 빠져들었다. 비판이 부당하다고 느낄 때는 방어적으로 굴고 심지어 화를 내기도 했다. 마태복음 18장, 갈라디아서 6장, 시편 141편처럼 건설적인 피드백을 부드럽게 주고 겸손하게 받아들이라고 권고하는 구절들로 설교를 하면서도 정작 이 가르침을 나 자신의 삶에 적용해야 할 때는 무신론자처럼 굴었다. 주일에 "네 형제가 죄를 범하거든 가서 너와 그 사람과만 상대하여 권고하라"(마 18:15), 그리고 "친구의 아픈 책망은 충직으로 말미암는 것"(잠 27:6)이라고 설교한 후 월요일에 동료나 아내가 내 설교에 따라 잘못을 지적하면 즉시 속에서 화가 치밀어 올랐다.

그때가 벌써 20년 전이다. 그 뒤로 성령님은 비판에 대해 자기혐오나 경멸로 반응하는 것이 얼마나 파괴적인지를 깨닫게 해 주셨다. 사실, 내 인생에서 가장 중요한 성장의 시기들은 "당신이 내게 얼마나 큰 상처를 주었는지 알아요?" 혹은 "당신의 말(혹은 행동)에서 염려스러운 부분이 있습니다" 혹은 "설교한 대로 행동하지 않는군요"라는 말에서 시작된 경우가 많았다.

혹시 이렇게 말할지도 모른다. "비판이 부당하다면요?" "상대방이 싸움을 걸려고 일부러 내 말을 왜곡시키고 있는 것이라면요?" 좋은 질문이다. 내 친구이자 리더십 전문가인 캐리 뉴호프(Carey Nieuwhof)는 이런 말을 했다. "돼지와 싸우지 말라. 둘 다 더러워질 뿐이다. 우리와 돼지의 차이점은 돼지는 다툼을 즐긴다는 것이다."

물론 뉴호프는 다른 인간들을 돼지 취급해야 한다는 뜻으로 말한 것이 아니다. 단지 우리를 공격하려거나 트집을 잡으려는 사람들(이런 사람이 점점 더 많아지는 듯하다)과 실랑이를 벌이면 득보다 실이 더 많다는 뜻이다.

얼마 전 한 낯선 사람에게서 비판을 당한 적이 있다. 그는 내가 SNS에 올린 글을 리트윗하면서 나의 동기와 전혀 다른 동기를 들먹이며 공개적으로 비난했다. 그는 내 말들을 왜곡시킨 다음 함정 질문으로 공격을 시작했다. 20년 전이라면 방어적으로 굴고 모욕이나 나만의 함정 질문으로 나 역시 반격했을 것이다. 하지만 이번에는 먼저 비판자에 관해 알기 위해서 그의 SNS 프로필을 확인했다. 알고 보니 그는 최근 아내와 이혼한 뒤 홀로 어린 자녀를 키우는 실직자였다. 물론 그런 상황이 SNS에서 모르는 사람을 공격하는 것을 정당화해 주지는 않는다. 하지만 이는 내가 그의 행동을 이해하고 적절한 반응을 찾아내기 위한 중요한 열쇠가 되었다.

이 사람을 향한 나의 감정은 분노와 방어적 태도에서 곧바로 공감과 연민으로 변했다. 내가 설교 시간에 성도들에게 자주 말하듯이 "상처받은 사람들은 사람들에게 상처를 준다." 이 비판자도 예외는 아니었다. 그래서 나는 더 독한 말로 복수하는 대신 그의 SNS 팔로워들이 그를 돕기 위해 시작한 고펀드미(GoFundMe) 링크에 기부를 했다.

이 이야기를 하는 것은 이 경험이 비판에 올바로 대응하는 법을 보여 주는 최고의 본보기라고 생각하기 때문이 아니다. 나를 잘 아는 사람들은 전혀 그렇게 생각하지 않는다. 단지 이 이야기를 통해 성령님이 사람의 마음과 행동을 바꾸실 수 있다는 점을 알려 주고 싶다. 심지어 성령님은 적들이 친구가 되는 길, 적어도 서로에게 공감할 수 있는 길을 열어 주실 수 있다. 성령님은 우리가 '더 큰' 분열과 분노만 낳는 가혹한 복수의 말이 아니라 분노를 쉽게 하는 유순한 대답으로 서로를 대하게 해 주신다(잠 15:1).

그리스도는 우리를 있는 모습 그대로 초대하신다. 하지만 우리가 계속해서 그 상태에 '머무는' 것을 원하시지는 않는다. 그리스도는 점진적이고 때로는 느린 과정을 통해 우리를 변화시키기를 원하신다. 누구든지 그리스도 안에 있으면 새로운 피조물이기 때문이다. 고린도후서 5장 17절에서는 "이전 것은 지나가고 새 것이 되었다"(고후 5:17)라고 말하고 있다. 변화의 속도가 느리다고 해서 자기

혐오에 빠질 필요는 없다. 설령 크리스천들에게는 죄가 넘친다 해도 하나님의 은혜가 "더욱" 넘치기 때문이다(롬 5:20).

무엇을 해야 하는가?

영적 변화의 속도를 예수님께 맡기면 예수 그리스도를 닮아가는 여행에서 빨리 목적지에 도달해야 한다는 부담감을 벗을 수 있다. 왜 변화의 속도를 그리스도께 맡겨야 할까? 어차피 하나님은 그리스도 안에서 우리를 더 사랑할 수 없을 만큼 사랑하시며 이 사랑은 조금도 줄어들지 않을 것이기 때문이다.[10]

하나님은 언제나 우리보다도 더 우리를 참아 주신다. 우리 자신을 하나님의 눈으로 볼 수 있어야 한다. 하나님은 우리를 어떻게 보시는가? 불완전하고 연약하고 죄악으로 가득한 존재이지만 그리스도의 보혈로 덧입혀진 존재로 보신다. 하나님은 우리가 최악의 모습을 보일 때조차 최상의 모습을 보일 때와 똑같이 사랑하신다. 우리가 죄를 짓는 성향보다 하나님이 우리 죄를 용서하시는 힘이 더 강하다. 우리의 죄가 가득한 곳에 하나님의 은혜가 더욱 넘친다(롬 5:20). 이 사실을 믿으면 자신을 덜 미워하고 더 사랑할 수 있다. 우리 안에서 시작하신 일을 완성하시겠다는 하나님의 약속을 더 신뢰할 수 있다.

하나님이 우리에게 사랑받는 자녀의 지위를 주셨다는 사실은 "그리스도 안에서 완전한 자 … 속에서 능력으로 역사하시는 이의 역사를 따라 힘을 다하여 수고하"는 자가 되기 위한 동기와 의욕을 제공해 준다(골 1:28-29). 또한 사랑받는 자녀의 지위는 성장에 관한 베드로의 다음과 같은 매력적이면서도 쉽지 않은 비전을 이룰 힘을 준다.

"그의 신기한 능력으로 생명과 경건에 속한 모든 것을 우리에게 주셨으니 이는 자기의 영광과 덕으로써 우리를 부르신 이를 앎으로 말미암음이라 이로써 그 보배롭고 지극히 큰 약속을 우리에게 주사 이 약속으로 말미암아 너희가 정욕 때문에 세상에서 썩어질 것을 피하여 신성한 성품에 참여하는 자가 되게 하려 하셨느니라 그러므로 너희가 더욱 힘써 너희 믿음에 덕을, 덕에 지식을, 지식에 절제를, 절제에 인내를, 인내에 경건을, 경건에 형제 우애를, 형제 우애에 사랑을 더하라"(벧후 1:3-7).

이 일에서 우리의 역할은 무엇인가? 예수 그리스도를 닮아가는 여행에서 우리는 어떤 식으로 의미 있는 '참여'를 할 수 있을까? 궁극적으로 하나님이 우리 안에서 시작하신 일을 완성하신다면 우리는 이 과정에서 무엇을 해야 할까?

예수님이 제자들을 어떻게 가르치고 파송하셨는지를 살펴보면 답을 찾을 수 있다. 예수님은 세상에 사랑을 베풀도록 제자들을 파송하시며 가장 먼저 무엇을 하셨을까? 그들을 모아 함께하고 배불리 먹이셨다. 그 후 무릎을 꿇고 그들의 발을 씻김으로 한없이 깊은 사랑을 표현하셨다. 그렇게 왕이신 예수님은 종이 되신 뒤에야 그들에게도 서로 발을 씻겨 주어야 한다고 말씀하셨다(요 13:1-17). 이제 그들은 예수님께 사랑을 받았기에 남들을 사랑할 수 있게 되었다. 이번 식사만이 아니라 꼬박 3년 동안 예수님과 함께한 덕분에 이제 그분처럼 될 수 있게 되었다.

예수님은 우리에게도 동일한 행동을 보이신다. 예수님은 매일, 매 순간 우리의 더러운 발을 씻어 주신다. 우리는 차츰 더 나은 인간이 될 수 있다. 예수님께로 더 가까이 자라갈수록 죄의 지배를 덜 받는다. 죄의 지배를 덜 받을수록 예수님을 더 닮아간다. 그로 인해 우리는 믿음의 열매를 맺고 세상을 살찌우는 건강한 나무로 자라간다.

그렇다면 우리는 무엇을 해야 하는가? 예수님과 '함께'하기 위한 시간을 내야 한다. 함께할수록 그분을 닮아간다. 마르다처럼 예수님을 위한 일에 바삐 뛰어다니는 것이 아니라 마리아처럼 그분의 발치에 앉아 있을 때 그분을 닮아가기 시작한다(눅 10:38-42).

이에 실용주의자들은 또 묻는다. "하지만 예수님의 발치에 앉아서 무엇을 '해야' 하는가? 그분께 더 가까이 다가가 그분과 함께하고 그분을 닮아가려면 무엇을 '해야' 하는가?"

이런 질문에 예수님은 하나님 나라를 먼저 구하라고 말씀하신다. 그럴 때 그리스도를 닮은 성품을 포함한 "이 모든 것"이 우리에게 더해진다. 우리는 주로 그리스도와 말씀 안에 '거함'으로써 그분의 나라를 추구한다. 이것이 다음 장의 주제이다.

세상을
바꿀 힘은
성경에서 나온다

때로 나도, 성경을 읽는 것이 힘들다

집중력이 문제이다. 성경을 읽는 도중에 여러 생각이 뒤엉킨다. 자꾸만 다른 것들이 더 시급해 보이거나 중요해 보인다. 예를 들어, 이메일, 문자 메시지, 오늘 뉴스, 해야 할 일의 목록, 최근 드라마나 음악, 인간 관계와 같은 것들에 눈길이 간다.

우리에게 주신 하나님의 선물이 있다. 곧 말씀이다. 얼마나 놀라운가! 그런데 그 말씀에 종종 지루함을 느낀다. 레위기 혹은 누가 누구를 낳고 누가 이 지파나 저 지파인지에 관한 긴 목록을 읽다 보면 시간낭비가 아닌가 하는 생각이 들곤 한다. 구시대의 것처럼 보이는 율법을 이해하려고 애쓰거나 강간, 근친상간, 문제 가정, 피 비린내 나는 전쟁, 거짓말과 도둑질, 험담, 편협, 좌절된 기도 같은 성경의 어두운 요소들에 관해서 읽을 때도 비슷한 마음이 든다.

때로 나도 성경이 혼란스러울 때가 있다. 성경에 보면 부모의 죄로 인해 아이들이 죽는다. 권력자가 한 집단 전체를 억압하고 학대하고 노예로 부린다. 약하고 무고한 사람들이 고통을 받고, 남들에게 상처를 주는 못된 자들은 번영한다. 하나님이 어떤 이들은 구해 주시고 어떤 이들은 그냥 놔두신다. 사람들이 좋은 뜻으로 하나님의 법궤를 만졌다가 죽는 일이 벌어진다. 성경에서 예를 찾아보면 끝이 없다. 이런 불편한 장면들은 영감의 근원이 아닌 어둡고 왜곡된 막장 드라마처럼 느껴진다.

그렇다. 나는 명색이 목사인데도 성경으로 인해 혼란스러워하곤 한다. 하지만 나만 그런 것이 아니라는 사실에서 위로를 받는다. 심지어 내 영웅 중 한 명인 C. S. 루이스도 성경에 대해 비슷한 감정을 느꼈다. 루이스는 다윗 왕이 성경을 황금에 빗댄 시편 19편 10절을 묵상하며 다음과 같이 썼다.

> "'도둑질하지 말라, 간음하지 말라.' 처음에는 이것이 너무 이상했다. 사람이 이런 '법'을 존중할 수 있고 존중해야 한다는 점은 이해가 간다. 당연히 이 법에 순종하고 마음으로 이 법을 받아들이려고 노력해야 한다. 하지만 어떻게 이것이 기분 좋고 달콤할 수 있는지는 도무지 이해하기 힘들다 … 이 법에 순종하고 이 법을 존중할 수는 있다. 하지만 즐겁고 달콤한 것보다는 치과의사의 핀셋이나 최전방에 비유하는 것이 더 맞아 보인다."[1]

심지어 C. S. 루이스처럼 성경에 정통한 이들에게도 성경에는 어렵고, 혼란스럽고, 이상하고, 심지어 불쾌한 부분들이 있다. 목사와 성경 교사들도 그렇다면 이런 성경에 기초한 우리의 믿음이 어떻게 기독교 '밖에' 있는 사람들에게 거부할 수 없는 매력으로 다가갈 수 있을까?

성경에는 기쁨과 영감과 위로를 얻을 수 있는 부분도 많지만, 우리를 혼란스럽게 만드는 부분도 많다. 특히, 우리의 감정, 소망,

꿈, 기대, 전통, 문화적 가치와 상반된 부분들이 그렇다. 사람들은 성경이 스스로 모순되기 때문에 거부하는 것이 아니라 성경이 자신들의 생각과 모순되기 때문에 거부하는 것이다.

다메섹 도상에서 하나님의 말씀을 통해 삶이 완전히 뒤바뀐 사도 바울은 나중에 다음과 같이 썼다.

- "모든 성경은 하나님의 감동으로 된 것으로 교훈과 책망과 바르게 함과 의로 교육하기에 유익하니 이는 하나님의 사람으로 온전하게 하며 모든 선한 일을 행할 능력을 갖추게 하려 함이라(딤후 3:16-17).

- 하나님 아는 것을 대적하여 높아진 것을 다 무너뜨리고 모든 생각을 사로잡아 그리스도에게 복종하게 하니(고후 10:5).

- 너희는 이 세대를 본받지 말고 오직 마음을 새롭게 함으로 변화를 받아 하나님의 선하시고 기뻐하시고 온전하신 뜻이 무엇인지 분별하도록 하라"(롬 12:2).

예수님도 신자들의 삶 중심에 하나님의 말씀이 있어야 한다는 점을 강조하셨다. 즉 가슴만이 아니라 머리로도 하나님을 사랑해야 한다고 말씀하셨다(눅 10:27). 또한 아버지의 계시된 뜻을 자신의 양식으로 부르셨다(요 4:34). 사탄의 유혹을 거부하실 때는 성경을 인용하여 "사람이 떡으로만 살 것이 아니요 하나님의 입으로부터 나오는 모든 말씀으로 살 것이라"라고 말씀하셨다(마 4:4). 십자가에서 돌아가실 때는 시편을 인용하셨다(마 27:46; 눅 23:46). 제자들에게 그분 안에 거하는 것과 성경 안에 거하는 것이 동일하다는 점을 강조하셨다(요 15:7-10).

다시 말해, 예수님을 따르는 것과 성경을 따르는 것은 서로 떼어서 생각할 수 없다. 우리가 성경을 어떻게 생각하든 그리스도 안에서의 삶은 생각과 신념과 말과 행동이 성경의 인도함을 받는다. 전심으로 하나님을 사랑하고 즐기며 남들을 자신처럼 사랑하는(거부할 수 없는 자들이 되는) 소명을 이루는 것은 성경을 따르는 사람이 되느냐에 달려 있다.

성경은 '그저' 헷갈리기만 한 책이 아니다. 성경은 생명을 주는 책이기도 하다. 특히, 우리의 생각과 말과 삶을 성경에 정렬시키는 것은 거부할 수 없는 믿음의 필수요소이다. 이런 정렬이 이루어질 때 우리는 세상 속에서 열매 맺는 나무가 된다. 우리가 맺는 열매를 통해 세상 사람들이 복음과 신앙을 보게 된다. 이 정렬이 강해질수록 그 증거들(사랑, 희락, 화평, 오래 참음, 자비, 양선, 충성, 온유, 절제 - 갈라디아서 5장 22-23절의 성령의 열매들과 고린도전서 13장 4-8절의 사랑의 속성들을 보시오)이 더 많이 나타난다. 열심히 일하고 잘 쉬며, 부모를 비롯한 윗사람을 공경하고, 가정에 충실하고 혼전순결을 지키며, 남의 것을 취하려는 유혹을 이기고, 주어진 것에 만족하며 살아가고, 험담이나 비방이나 왜곡을 통해 거짓 증언을 하지 않는 사람으로 점점 변해간다(출 20:1-17의 십계명 참조). 세상에 이런 친구, 이런 이웃, 이런 동료를 원하지 않을 사람이 어디에 있겠는가.

믿음과 행실의 규칙

하지만 우리의 힘으로 하나님의 말씀에 대한 사랑을 끌어올리거나 그것에 순종할 수는 없다. 먼저 하나님의 역사가 있어야 한다. 우리가 관리하거나 통제할 수 없는 역사가 일어나 성경이 달콤하게 느껴져야 한다. 우리가 거부할 수 없는 믿음을 지닌 사람으로 새로워지고 변화되게 하는 외부의 작용이 필요하다.

우리는 하나님 말씀에 막대한 힘이 있다는 사실을 성경을 통해 알고 있다. 하나님의 선포된 말씀은 죽은 사람을 되살리고(요 11:1-44) 바다에서 성난 풍랑을 잠재우고(막 4:35-41) 악령을 쫓아내고(눅 8:26-39) 물과 땅, 하늘, 은하계를 존재하게 했다(창 1장).

하지만 하나님이 하신 말씀도 그분이 우리 '안에' 생명을 불어넣으시기 전까지는 우리에게 아무런 영향을 미치지 않는다. 엔진을 점화시키는 힘이 없이는 로켓이 발사될 수 없고 자동차가 움직일 수 없는 것처럼 성령님을 통한 새로운 탄생이 선행되지 않으면 성경을 통한 변화가 이루어질 수 없다. "사람이 물과 성령으로 나지 아니하면 하나님의 나라에 들어갈 수 없느니라"(요 3:5).

예수님의 제자들과 마찬가지로 우리도 하나님이나 이웃을 사랑하기 위해 뭔가를 하기 전에 먼저 위로부터 능력을 받아야 한다 (눅 24:49; 행 2:1-13). 따라서 우리의 기도에는 성령님을 "거두지" 마시고(시 51:11) 오히려 점점 더 많이 채워 주시라는(왕하 2:9; 눅 11:13) 겸손한 요청이 포함되어야 한다.

무엇보다도 성령 충만은 우리 안에 성경을 향한 새로운 자세를 낳는다. 성경에 감동을 받지 못하고 지루해하는 대신 끌리게 된다. 혼란스러워하는 대신 성경을 더 깊이 알고 이해하기 위한 열정으로 불타오른다. 그래서 말씀을 향한 새로운 사랑과 갈망은 성령으로 충만했다는 확실한 증거 중 하나이다. 하나님은 그분의 백성들에게 죽은 영적 '뼈'를 되살리는 새로운 마음 혹은 영적 '살'을 약속해 주셨다(렘 31:31-34; 겔 36:26-27; 엡 2:1-10). 위대한 신학자 벤저민 B. 워필드(Benjamin B. Warfield)의 말을 들어보자.

"성령님은 그리스도의 구속의 혜택들을 적용하여 사람들을 죄책감과 죄의 지배에서 구해 낼 때 '하나님의 말씀으로' 역사하신다. … 하나님의 내주하심인 성령님은 말씀으로 말씀에 일치된 경험을 만들어 낸다. 그렇게 그 말씀을 높이고 확증함으로서 그것이 하나님의 말씀임을 증명한다."[2]

성령님이 믿음으로 우리의 마음속에 거하시면 하나님의 생각이 우리의 생각보다 높고 그분의 길이 우리의 길보다 높다는 사실을 겸손히, 심지어 기쁘게 받아들이게 된다(사 55:9). 참되고 아름답고 칭찬받을 만한 것들에 관해서 우리의 감정, 의견, 경험, 바람에 따라 결정하지 않는다. 궁극적으로 성경에 따라 선택하게 된다. 성경이 우리의 생각과 일치하든 반하든, 유쾌하든 불쾌하든, 위로가 되든 찔림이 되든, 명료하게 하든 혼란스럽게 하든 상관없이 모든 단어와 문장, 문단, 심지어 구두점 하나까지도 문화와 시대를 막론한 모든 사람에게 적용되는 하나님이 인도하시고 형성하시는 권위의 일부로 받아들여 경외하고 소중히 여기게 된다.

창조주의 말씀을 검열하는 것은 피조물들의 역할이 아니다. 오히려 하나님의 말씀이 우리를 검열한다. 하나님의 통찰을 수정하는 것은 우리의 몫이 아니다. 오히려 하나님의 통찰에 따라 자신을 교정해야 한다. 하나님의 법을 우리의 지각에 맞추는 것은 있을 수 없는 일이다. 오히려 하나님의 법을 따라 그분의 지각에 자신을 정렬시켜야 한다.

우리에게는 하나님의 말씀을 개선할 능력이 없다. 오히려 하나님의 말씀이 우리를 개선한다. 성령님이 우리의 마음에 이런 것에 대한 확신을 주시면 항상 그리스도와 성경을 따르게 된다. 성경이 우리에게 "유일하게 오류 없는 믿음과 행실의 규칙"이 된다.[3]

믿을만한 로드맵

예수님을 구주로 믿는 자들에게 성경의 모든 부분은 그분을 믿고 따르고 그분처럼 되기 위한 믿을 만한 로드맵이다. 성경은 형통함으로 가는 길, 창조주가 의도하신 삶으로 가는 길을 보여 준다. 성경은 우리의 지혜와 본능이 아니라 우리의 삶을 위한 하나님의 계시된 뜻과 목적에 따라 하나님을 온전히 사랑하고 이웃을 깊이 사랑한다는 우리의 궁극적인 목적을 추구할 수 있게 해 준다.

성경의 일부에 대해서라도 거부감이 지속된다면, 문제는 성경이 아니라 우리 영혼의 미각에 있다. 그것은 하나님이나 그분의 말씀에 하자가 있기 때문이 아니라 "악을 선하다 하며 선을 악하다"라고 하는 우리의 취약성에 있다(사 5:20). 하지만 우리 영혼의 미각이 성령님과 하나님의 말씀에 일치되면, 우리 영혼의 미각이 깨끗해지면, 성경에서 지루하거나 어렵거나 혼란스러운 부분까지도 달콤하게 변한다. 성경에서 어렵고 당혹스러운 부분에 대해서도 에스겔 선지자처럼 반응하게 된다.

하나님은 '심판의 선지자'로 불려온 에스겔에게 "애가와 애곡과 재앙의 (하나님의) 말"이 포함된 두루마리를 먹으라고 명령하셨다(겔 2:10). 어떤 의미인지 아는가? 귀에 즐거운 설교를 곱씹으라는 말처럼 들리는가? 전혀 그렇지 않다. 그런데 이렇게 어렵고 부담스러운 하나님의 말씀을 '먹고' 소화시키라는 기이한 명령에 순종한 뒤 에스겔이 보인 반응은 실로 놀랍다.

"내가 먹으니 그것이 내 입에서 달기가 꿀 같더라"(겔 3:3).

성경에 의해 형성되고 성령 충만하고 하나님이 이끄시는 에스겔의 미각에는 심지어 성경의 까다로운 부분들도 꿈처럼 달기만 했다. 하나님은 에스겔에게 새로운 마음을 주시고 본래 무감각한 그의 영적 뼈에 새로운 살을 입히셨다. 그러자 에스겔은 갑자기 진실을 볼 수 있게 되었다. 눈가리개가 벗겨지자 하나님의 말씀 전체, 심지어 애가와 애곡과 재앙의 말씀조차 이해가 될 뿐 아니라 귀에 즐거워졌다.

종교를 이론보다 연애로 보라는 말이 있다.[4] 사랑에 빠진 사람은 사랑이 상대방의 일부만이 아니라 전부를 받아들이는 것임을 안다. 진정한 사랑은 좋은 날이나 궂은 날이나 즐거우나 슬프나 건강하거나 아프거나 상관없이 살아 있는 동안 늘 서로에게 헌신한다. 진정한 사랑은 상대방에게 자신의 전부를 내어 주고 상대방의 전부를 자신의 마음과 삶으로 받아들이는 것이다. 바로 이것이 하나님이 우리를 사랑하시는 방식이다.

하나님은 예수님을 통해 우리에게 오셔서 자신의 전부를 내어 주셨으며 남편으로서 우리를 온전하고도 영원히 사랑하겠노라 약속하셨다. 하나님은 우리도 그에 대한 보답으로 '다른 모든 애인을 버리고' 자신의 전부를 그분께 온전히 내어 드리기를 원하신다. 그래서 그분의 모든 말씀이 우리의 바람이 되기를 원하신다. 옛 찬송가의 한 소절처럼 말이다. "그리스도의 법이 완성되는 것을 보고 그분의 사면하시는 음성을 들으니 노예가 자녀로, 의무가 선택으로 변하네."⁵

부모들이 자녀가 빵만 먹지 않고 채소도 먹기를 원하는 것처럼, 우리를 가장 잘 아시고 깊이 사랑하시는 하늘 아버지는 우리가 말씀의 일부만이 아니라 전부를 '먹기' 원하신다. 하나님의 사랑, 용서, 구원, 영원한 약속에 관한 말씀은 우리 영혼에 달콤하기 그지없다. 이런 것은 입에 즐거운 진수성찬과도 같다. 하지만 하나님의 말씀이 우리에게 처방하는 식단에는 다른 '메뉴'도 있다.

예를 들어, 돈을 후히 나누고, 우리에게 상처를 준 사람들을 용서하고, 부부 사이에만 성적 관계를 맺고, 지역 교회에 헌신하고, 이기심보다 섬김을 선택하고, 매일 자신을 부인하라는 말씀이 있다. 이런 말씀은 아이에게는 쓰게 느껴질 수 있다.

이런 성경적 진리에 관한 입맛은 선천적이라기보다는 후천적이다. 어린아이처럼 입에 쓴 음식을 접시에서 골라내서는 안 된다. 새로운 입맛이 길러질 때까지, 하나님의 모든 말씀이 우리 영혼의 미각에 꿀처럼 달게 될 때까지 입에 쓴 음식을 계속해서 먹어야 한다. 채소를 꾸준히 먹고 열심히 운동을 하면 몸이 건강해지는 것처럼 하나님의 영감으로 쓰인 말씀을 성령님의 도우심으로 꾸준히 섭

취하면 영혼이 강건해진다. 이런 입맛을 기르는 일이 어렵게 보이지만 예수님의 초대를 기억한다면 어렵지 않다. "너희 하늘 아버지께서 구하는 자에게 성령님을 주시지 않겠느냐"(눅 11:13).

하나님 말씀을 우리의 주된 지침으로 삼아야 한다. 하나님 말씀 안에 거할 때 예수 그리스도 안에 거하게 된다. "사람이 떡으로만 살 것이 아니요 하나님의 입으로부터 나오는 모든 말씀으로 살 것이라"라는 주님의 말씀을 마음 깊이 새겨야 한다(마 4:4). 그럴 때 하나님은 우리로 하여금 더 아름답고 매력적이고 거부할 수 없는 삶을 살게 해 주신다.

십자가의 예수를 바라보라. 그분이 증거가 되신다. 예수님은 아버지의 말씀에 따라 완벽한 삶을 사셨다. 그로 인해 오늘날까지도 온 세상이 그분께 주목하고 있다.

성경을 믿는 사람이 되면 예수님 안에 거할 수 있다. 가지가 나무에서 영양분을 얻는 것처럼 우리의 영혼은 성경에서 영양분을 얻는다(요 15:7-10). 하나님은 우리가 말씀 중심의 제자들, 성경으로 충만한 거류민들, 죄인에서 성도로 변한 구약과 신약의 인물들, 하나님의 입에서 나오는 모든 말씀으로 사는 이들(마 4:4)처럼 되기를 원하신다. 하나님은 은혜를 입은 우리로 말미암아 세상이 아름답게 변하길 원하신다.

성경으로 가득 채워진 사람들

머릿속에 성경의 진리와 약속을 가득 채우면, 혹은 신학자 코넬리우스 반틸(Cornelius Van Til)의 표현대로 "하나님을 따라 하나님의 생각을 하면"[6] 더 지혜로워져서 하나님과 세상과 자신을 정확하고도 명료하게 볼 능력이 길러진다. 이 세상은 진리를 상대적으로 본다. 그래서 혼란과 불일치와 불확실성이 가득한 세상 속에서 진리를 바라보는 우리의 시각이 보편적이고 절대 오류 없는 근원을 통해 형성되는 것이 전에 없이 중요하다. 그 절대 오류가 없는 근원은 바로 창조주이시다. 프랜시스 쉐퍼(Francis Schaeffer)에 따르면 하나님은 "존재하시고 침묵하시지 않는" 분이다.[7] 시편 기자는 "내가 주의 증거들을 늘 읊조리므로 나의 명철함이 나의 모든 스승보다 나으며"(시 119:99)라고 말했다.

앞서 말했듯이 아이비리그 대학들의 대다수가 거부할 수 없는 믿음을 지닌 크리스천 리더들에 의해 설립되었다. 《브리태니커 백과사전》(Encyclopedia Britannica)에서 가장 위대한 미국 철학자들 중 한 명으로 꼽은 프린스턴대학의 전 총장 조나단 에드워즈(Jonathan Edwards)도 그중 한 명이다.[8] 팀 켈러(Tim Keller)는 에드워즈를 포크로 찌르면 피 대신 성경이 흘러 나올 사람이라고 말했다. 그의 천재성은 성경에서 비롯되었다.

팀 켈러는 위대한 목사이자 사상가이다. 하나님은 그를 통해 복음 중심의 도시 교회 리더들의 세대를 일으키셨다. 나는 뉴욕 시에서 그와 함께 5년간 사역했다. 그를 그토록 위대한 인물로 만든 매일의 습관들을 곁에서 지켜보았다. 그는 깊은 개인 기도의 습관 외에도 매일 성경의 이야기, 약속, 가르침을 가슴과 머리에 채워 넣는 습관을 가졌다. 수십 년간 그는 매달 시편으로 기도를 드리고, 매년 성경을 통독했다. 에드워즈와 마찬가지로 그를 포크로 찌른다면 피 대신 성경이 흘러 나올 것이다.

신앙으로 인해 감옥에 갇혀 《천로역정》(The Pilgrim's Progress)을 쓴 존 번연(John Bunyan)도 위대한 지성이었다. 그리스도의 삶을 비유로 그린 그의 책은 수백만 명에게 큰 위로를 주었고 오늘날까지 위대한 고전으로 찬사를 받고 있다. 여느 청교도와 달리 번연은 정식 교육을 거의 받지 못했다. 하지만 깊고도 실천적인 성경 지식으로 무장한 그는 기독교 역사상 가장 뛰어난 지성 중 한 명으로 꼽힌다.

성경으로 충만한 지성의 영향력은 유명한 사람들의 삶만이 아니라 덜 유명한 수많은 남녀의 삶에서도 분명히 드러난다. 예를 들어, 디모데의 어머니와 할머니는 어릴 적부터 그에게 성경에 대한 사랑을 불어넣었다(딤후 1:5). 드와이트 무디(Dwight Moody)에게 믿음을 통해 은혜로 구원을 받는다는 성경의 기본 교리를 가르쳐 예수님께로 인도한 구두 판매상인 에드워드 킴볼(Edward Kimball)도 있다. 한 시골 교회 집사도 그런 식으로 찰스 스펄전(Charles Spurgeon)을 전도했다. 사업을 하면서도 자신의 교회에서 충성스럽고도 모범적으로 성경을 가르치는 내 친구의 아버지도 있다. 하루는 어떻게 하면 그렇게 정확하고도 설득력 있게 성경을 가르칠 수 있냐고 묻자 그분은 대답하셨다. "25년간 매일 성경을 읽어 보게."

성경 지식을 얻으면 막대한 지적 유익이 있다. 찰스 디킨스(Charles Dickens), 표도르 도스토옙스키(Fyodor Dostoevsky), 제인 오스틴(Jane Austen), 윌리엄 포크너(William Faulkner), 메릴린 로빈슨(Marilynne Robinson), 토니 모리슨(Toni Morrison), 존 스타인벡(John Steinbeck), 레오 톨스토이(Leo Tolstoy), 플래너리 오코너(Flannery O'Connor), J. R. R. 톨킨(Tolkien)을 비롯해서 수많은 문학계 거목들의 책에는 성경 구절과 비유와 성경적 통찰이 가득하다.

마찬가지로 게오르그 프리드리히 헨델(George Frideric Handel), 존 콜트레인(John Coltrane), 앤 스틸(Anne Steele), 조니 캐시(Johnny Cash), 밥 딜런(Bob Dylan), 에밀루 해리스(Emmylou Harris), 카니예 웨스트(Kanye West), 로린 힐(Lauryn Hill), U2 같은 뮤지션들의 작품에도 하나님의 언어가 잔뜩 묻어 있다.

마틴 루터 킹 주니어(Martin Luther King jr.)의 위대한 연설, 윌리엄 셰익스피어(William Shakespeare)의 시대를 초월한 희곡, 프랜시스 콜린스(Francis Collins)의 과학적 혁신, 〈뉴욕 타임스〉(New York Times) 칼럼니스트 데이비드 브룩스(David Brooks)의 통찰력 깊은 정치 논평도 마찬가지이다. 예를 들자면 끝이 없다!

하지만 성경으로 충만해서 얻을 수 있는 것은 단순한 성취만이 아니다. 성경에 열심히 파묻힌 만큼 스승보다 더 지혜로워지기 위한 통찰을 얻을 수 있다. 말씀을 소화시키면 지성과 통찰과 사려가 더 깊어져서 하나님의 세상에 더 유익한 기여자가 될 수 있다.

주체할 수 없는 열정과 기쁨

조나단 에드워즈는 역사상 가장 위대한 지성 중 하나였을 뿐 아니라 주체할 수 없는 열정과 기쁨의 소유자였다. 그는 하나님과 성경의 진리와 아름다움에 깊이 매료되고 성령으로 충만하여 《신앙과 정서》(*Religious Affections*)라는 책을 냈다.

그는 마음에 불을 붙이고 감정을 북돋우고 깊이 매료되게 만들어야 신학이 제 역할을 한 것으로 보았다. 이것이 그가 "정서"라는 표현을 쓴 이유이다. 그는 성경에 관한 학문적인 지식만 가득하다면, 교리적으로 충실한 것이 아니라 교조적이 된다고 판단했다. 그렇게 되면 머리만 커지고 가슴에는 사랑이 없어진다(고전 8:1). 그는 교리가 아름답게 느껴져야만 진정 성경적인 교리로 받아들인 것이라고 했다. 하나님을 즐기기 전까지는 하나님을 진정으로 아는 것이 아니라고 여겼다. 성경의 모든 곳에서 발견되는 그리스도가 거부할 수 없는 믿음의 열쇠였다.

에드워즈가 숲에서 한 경험을 보면 이 점을 확인할 수 있다.

"1737년, 한번은 숲으로 말을 타고 갔다. 늘 그렇듯이 한적한 곳에서 말에서 내려 경건한 사색과 기도를 위해 거닐었다. 그때 특별한 것을 보았다. 하나님과 인간의 중재자로서의 하나님 아들의 영광, 그리고 그분의 놀랍고 위대하고 충만하고 순수하고 달콤한 은혜, 사랑, 온유, 겸손을 보았다. 너무도 고요하고 달콤한 이 은혜는 하늘보다도 다 위대해 보였다. 그리스도가 말할 수 없이 위대하게 보였다. 내 모든 생각과 관념을 사로잡을 만큼 위대해 보였다. 이 상태가 내 생각에는 거의 한 시간 동안 지속되었다. 그 한 시간 동안 나는 눈물을 펑펑 쏟으며 크게 흐느꼈다. 달리 표현할 길이 없는 영혼의 열정이 표출되었다. 땅 위에 누워 오직 그리스도로만 가득 찼다. 거룩하고 순수한 사랑으로 그분을 사랑했다. 그분을 신뢰했다. 그분을 위해 살고 싶었다. 그분을 섬기고 따르고 싶었다. 하늘의 정결함으로 완벽히 성화되어 순수해지고 싶었다. 이 외에도 몇 번이나 거의 같은 것을 보았고 같은 효과가 나타났다."[9]

나도 몇 번 비슷한 영적 경험을 했다. 성령 충만한 기쁨으로 인해 가슴이 터질 것만 같은 경험을 했는데, 에드워즈의 경우처럼 그런 경험은 언제나 성경적인 진리들에서 비롯했다. 이런 진리는 오랫동안 내 의식과 무의식 속에 깊이 새겨져 있던 것들이다. 하나님의 속성, 하나님의 세상, 하나님의 은혜와 구속, 자유에 관한 진리들이었다. 어느 때곤 성경을 읽을 때마다 내 마음은 새로워졌다.

성령님이 언제 어떻게 우리를 뒤덮을지는 예측할 수 없다. 예수님의 가르침처럼 성령님은 바람처럼 움직이시기 때문에 그분의 신비로운 역사를 우리가 예측할 수는 없다(요 3:6-8). 하지만 성령님의 역사는 언제나 하나님의 말씀을 통한다. 그래서 성경은 스스로를 "성령의 검"이라고 부른다(엡 6:17).성령님은 언제나 성경과 일치되게 역사하신다. 결코 성경과 모순되게 역사하시지 않는다.

아마도 이것이 사도 바울이 일만 마디의 방언을 듣는 것보다 하나님의 진리에서 비롯한 '이해할 수 있는' 다섯 마디의 말을 듣고 싶다고 말한 이유가 아닐까 싶다(고전 14:19).

바울에 따르면, 방언 같은 초자연적인 경험을 통해 기쁨과 황홀함을 얻을 수는 있지만 그것이 에드워즈가 말한 '놀라운 광경'에 비할 바는 못 된다. 그런 초자연적인 경험은 하나님의 말씀을 통해 그분의 것들에 대한 깊은 감정과 특별한 열정이 우리의 마음을 새롭게 함으로 변화를 일으키는 것에 비할 수 없다(롬 12:1-2).

고통을 초월한 기쁨과 평안

성령님이 성경을 통해 우리 마음에 주시는 놀라운 선물이 또 있다. 그것은 고통 중에도, 아니 특히 고통 속에서 나타나는 상황을 초월한 기쁨과 확신과 평안이다.

나는 죽음을 원망과 절망으로 맞이하는 사람들을 곁에서 지켜보았다. 반대로, 마음에는 평안이 가득하고 얼굴에는 기쁨이 가득한 채 최상의 삶이 자신을 기다리고 있다는 확신 속에서 죽음을 맞이하는 사람들을 지켜보았다. 이 사람들의 믿음은 내게 거부할 수 없이 매력적으로 다가왔다. 내 고통의 시간이 다가올 때 이들의 믿음이 나를 지탱해 주는 하나의 버팀목이 되어 줄 것이다.

내가 섬기는 내슈빌의 교회에서는 깊은 슬픔과 상실의 고통을 누구보다도 잘 견딘 성도들이 적지 않다. 그들은 고통을 부인하지 않았다. 아무 일도 없다고 스스로를 속이지 않았다. 그들은 고통을 직시하면서도 온전한 정신과 소망을 잃지 않고 바울처럼 담대하게 굴었다. "사망아 너의 승리가 어디 있느냐 사망아 네가 쏘는 것이 어디 있느냐"(고전 15:55).

그들은 시련 속에서 바울을 지탱해 주었던 그 확신으로 고난을 이겨 냈다. 그것은 바로 "우리를 사랑하시는 이로 말미암아 우리가 넉넉히 이기느니라 내가 확신하노니 사망이나 생명이나 천사들이나 권세자들이나 현재 일이나 장래 일이나 능력이나 높음이나 깊음이나 다른 어떤 피조물이라도 우리를 우리 주 그리스도 예수 안에 있는 하나님의 사랑에서 끊을 수 없으리라"는 확신이다(롬 8:37-39).

우리 교회에 다니는 존(John)이 그런 사람이다. 존은 신실한 남편이자 사랑이 가득한 아버지요 진정한 친구이며 재능이 뛰어난 예술가요 교회의 헌신된 종으로서 아름답고도 온전한 삶을 살았다. 그런데 너무 이른 나이에 루게릭병 진단을 받고 말았다. 그로 인해 온몸이 무력해져 휠체어와 호흡 장치에 묶여 있다가 결국 생을 마감했다. 그가 쇠약해져 갈 때 그를 심방했었다. 그런데 그때마다 고난에 관한 바울의 말이 생각났다. 그의 "겉사람"은 낡아져갔지만 그의 "속사람"은 날로 새로워져만 갔다(고후 4:16).

육체가 질병으로 시들어 가는 중에도 존은 절망에 굴복하지 않았다. 그는 더없는 기쁨과 감사와 평안의 태도로 자신의 상황을 마주했다. 질병에 따른 고통과 상실로 힘들어하면서도 자신을 희생자로 여기지 않았다. 극심한 고통 가운데서도 냉소적으로 변하지 않았다. 얼굴 옆의 관을 통해 들어오는 액체로 겨우 명맥을 유지하면서도 삶을 저주하기는커녕 오히려 농담을 즐겼다. 간호사나 간병인이 치료를 하려고 오면 이것저것을 해 달라고 요청하는 대신 함께 성경 공부를 하자고 권했다. 우리가 그를 위로하기 위해 심방하면 도리어 위로를 받았다.

존의 밝은 태도는 특히 그가 받은 고통을 생각하면 참으로 놀라운 것이었다. 너무도 깊은 인상을 받은 나는 극심한 고난 속에서도 그토록 훌륭한 태도를 유지한 비결을 물었다. 그의 대답은 이것이었다. "간단합니다. 저는 평생 성경을 읽었습니다. 그러다 보니 그 모든 말씀이 제 안에 깊이 스며들었습니다." 존의 말을 듣자니

"찢어진 성경책은 대개 찢어지지 않는 사람의 것이다"라는 옛말이 실감이 갔다.

우리 교회의 알(Al)이란 또 다른 교인은 말기 암 진단을 받았다. 역시나 이른 나이에 찾아온 청천벽력과도 같은 소식이었다. 존의 경우처럼 충격적인 소식에 이어서 몸의 급격한 쇠락이 찾아왔다. 그와 아내 르네(Renee)가 그 충격적인 소식을 들었던 날을 절대 잊지 못할 것이다. 그날 밤 나는 몇몇 목사와 함께 그들의 집을 심방했다가 소식을 듣고 큰 충격을 받았다.

"처음 이 소식을 들었을 때는 '왜 하필 나인가?'라고 묻고 싶었습니다. 하지만 곧 더 나은 질문은 '나면 어떤가?'라는 생각이 들었죠. 성경은 하나님이 우리의 약함을 통해 능력을 드러내기를 즐겨하신다고 말합니다. 그래서 나를 통해 하나님의 능력이 드러날 기회가 아닌가 하는 생각이 듭니다."

우리가 두 번째 심방했을 때 알은 밝은 색의 줄무늬 양말을 신고 있었다. 내가 무슨 일이냐고 묻자 그는 그것이 하나님이 치유자이시며 죽음과 슬픔과 질병은 궁극적으로 이길 수 없다는 진리를 일깨워 주는 "행복 양말"이라고 말했다. 그는 이것을 어떻게 알았을까? 어떻게 그는 사도 바울의 말처럼 말기 암조차 하나님의 모든 자녀를 기다리고 있는 영원한 영광과 건강에 비하면 "잠시 받는 환난의 경한 것"에 불과하다고 확신할 수 있었을까(고후 4:17-18).

우리 교회에서 자주 부르는 찬송이 있다. 시카고의 법률가이자

사업가였던 호레이쇼 스패포드(Horatio Spafford)의 찬송이다. 그는
아들을 성홍열로 잃었고 네 명의 딸마저 모두 바다에서 사고로 잃었
다. 모든 자식이 세상을 떠났다는 소식을 듣고 나서 그는 펜을 들어
"내 평생에 가는 길"이라는 찬송가를 썼다.

> "내 평생에 가는 길 순탄하여
> 늘 잔잔한 강 같든지
> 큰 풍파로 무섭고 어렵든지
> 나의 영혼은 늘 편하다.
> 내 영혼, 평안해. 내 영혼, 내 영혼, 평안해.
> 저 마귀는 우리를 삼키려고
> 입 벌리고 달려와도
> 주 예수는 우리의 대장되사
> 끝내 싸워서 이기겠네."

　　우리 교회에서 이 찬송을 부를 때마다 나는 좌중을 둘러보며
이 찬송이 교인들에게 어떤 영향을 미치고 있는지 확인한다. 그런
데 이 찬송을 가장 열정적으로 부르는 사람들은 언제나 고통을 겪는
이들이다. 루게릭 병에 시달리는 존, 암에 걸린 알, 역시 암과 사투
를 벌이는 잔(Jan)과 수잔(Susan), 만성피로에 시달리는 사라(Sarah),
걱정과 우울증에 시달리는 여러 남녀들, 호레이쇼 스패포드처럼 아

들을 먼저 땅에 묻는 고통을 맛본 부모들과 같은 이들의 찬양 소리
가 언제나 가장 크다.

성경이 그렇다고 말하기 때문에

무엇이 이 강건한 영혼들로 하여금 계속해서 찬양하게 만드는
가? 가슴이 찢어지고 인생이 무너지는 상황에서도 이들이 계속해서
소망하고 믿고 전진하는 힘은 어디에서 나오는가? 어떻게 해서 고
통 속에서 신음하면서도 계속해서 소망을 붙잡을 수 있는 것인가?
그 힘은 바로 그들이 성령님에서 발견한 진리에서 나온다. 그 힘은
이 진리를 그들의 마음과 삶 속에 계속해서 불어넣는 성령님의 역사
에서 비롯한다. 하나님은 스스로 말씀하신 대로 우리에게서 사랑을
절대 거두지 않는 좋은 아버지이시다. 우리가 이것을 아는 것은 성
경에서 그렇다고 말하기 때문이다(롬 8:31-39).

예수님은 성실하신 구주요 친구이시며, 상황과 상관없이 만
물을 새롭게 하신다. 사망, 애통, 곡, 아픈 것이 전체 줄거리를 주도
하는 것처럼 보이지만 그렇지 않다. 성경은 이를 분명히 말한다(계
21:1-5). 성경은 그리스도의 죽음과 부활과 재림을 약속했다. 하나님
이 사랑 때문에 독생자를 주셨다. 이 귀한 약속과 진리는 참되다. 우
리가 이를 아는 것은 성경이 그렇다고 말하기 때문이다(요 3:16). 믿

음을 통해 우리의 삶이 그리스도와 연합하면 가장 좋은 날이 우리의 과거가 아닌 미래에 있다는 확신을 얻는다. 모든 크리스천은 부활과 영생이 보장되어 있다. 현재의 고난은 전체 이야기의 중간에 있는 한 장의 한 단락에 불과하다. 이 이야기의 마지막 장은 슬픔은 없고 기쁨만 충만한 영원한 삶이다. 이 모든 것은 성경에 나와 있다.

절대 파괴할 수 없는 내적 힘보다 더 거부할 수 없는 것이 있을까? 고난과 기쁨, 슬픔과 소망, 애통과 환희가 공존할 수 있는 믿음보다 더 거부할 수 없는 것이 있을까? 어떻게 그럴 수 있을까? 모든 슬픔이 끝나고 육체와 영혼의 희락과 화평, 활력이 영원히 지속될 수 있는 이유는 성경이 약속하고 있기 때문이다. 하이델베르크 교리문답(Heidelberg Catechism)이 성경을 따라 말하듯 우리 삶과 죽음의 유일한 소망은 다음과 같다.

"나는 나 자신의 것이 아니라

몸과 영혼 모두

삶과 죽음 모두

나의 성실하신 구주 예수 그리스도께 속했습니다.

그분은 보혈의 피로

내 모든 죄의 값을 완벽히 치르심으로

나를 마귀의 모든 권세에서

해방시키셨습니다.

또한 하늘에 계신 내 아버지의 뜻이 아니면

머리카락 한 올조차 빠지지 않도록

나를 보호하시며

참으로 모든 것이 합력하여

나의 구원이 이루어지게 하십니다.

또한 성령님으로 내게

영생의 확신을 주시고

지금부터 계속해서 기꺼이

그분을 위해 살게 해 주십니다."[10]

이와 비슷하게 C. S. 루이스에 따르면 마지막 날, 예수님이 만물을 새롭게 하실 때 "하늘이 임하면 소급 작용을 해서 그 고통조차 영광으로 바꿀" 것이다.[11] 성경을 통해 우리는 꿈에서 본 악몽과 현실로 겪은 악몽 모두 새롭게 회복될 것을 알고 확신할 수 있다.

"또 내가 새 하늘과 새 땅을 보니 처음 하늘과 처음 땅이 없어졌고 바다도 다시 있지 않더라 또 내가 보매 거룩한 성 새 예루살렘이 하나님께로부터 하늘에서 내려오니 그 준비한 것이 신부가 남편을 위하여 단장한 것 같더라 내가 들으니 보좌에서 큰 음성이 나서 이르되 보라 하나님의 장막이 사람들과 함께 있으매 하나님이 그들과 함께 계시리니 그들은 하나님의 백성이 되고 하나님은 친히 그들과 함께 계셔서 모든 눈물을 그 눈에서 닦아 주시니 다시는 사망이 없고 애통하는 것이나 곡하는 것이나 아픈 것이 다시 있지 아니하리니 처음 것들이 다 지나갔음이러라(계 21:1-4)."

우리는 연약하기에 이 미래의 현실을 의심하기 쉽다. 우리의 머리는 이 약속을 잊어버리고 암담한 현실을 떠올리기 쉽다. 예수님은 이 점을 잘 아시고 격려의 메시지를 덧붙이셨다. "이 말은 신실하고 참되니 기록하라"(계 21:5).

질병, 슬픔, 고통, 죽음이 더 이상 느껴지지도 두렵지도 않은 날이 올 것이다. 성령님을 통해 우리 마음에 인친 이 귀한 '성경' 말씀들은 신실하고 참되다. 우리는 약속의 땅에 들어갈 운명이다. 현재 상황이 어떠하든 우리 최고의 날은 언제나 과거가 아닌 미래에 있다. 이것을 어떻게 아는가? 성경이 분명히 말하기 때문이다.

그러니 성경을 집어서 펴라. 하나님 말씀이 당신 속으로 들어오도록 하나님의 말씀 속으로 들어가라. 읽고 먹으라. 성령님이 당신 안에서 역사하실 수 있도록 먹고 또 먹으라. 에스겔, 에드워즈, 켈러, 존, 알, 스패포드, 스펄전, 루이스처럼 가장 부담스러운 부분들까지도 꿀처럼 달다고 진심으로 고백할 수 있을 때까지 계속해서 읽으라. 그때 기쁠 때나 슬플 때나 늘 영혼이 평안할 수 있다.

인생의
진짜 보물인
예수를 붙들라

C. S. 루이스는 역사를 보면, 현재 세상에 가장 큰 기여를 한 사람들은 다음 세상을 가장 많이 생각한 사람들이라는 유명한 말을 했다.[1] 다시 말해, 하늘에 마음을 둘수록, 머리와 가슴이 예수님, 그분의 나라와 목적을 향할수록 이 땅에 더 많은 유익을 끼치게 된다. 그와 동시에 자신도 더 행복하고 건강하고 온전하게 살게 된다.

하지만 솔직히 우리의 머리와 가슴은 좀처럼 루이스가 말하는 '다음 세상'을 향하지 못한다. 이루어야 할 목표, 취득해야 할 학위, 추구해야 할 커리어, 즐겨야 할 우정, 부양해야 할 가족, 모아야 할 은퇴 자금 등에 마음이 빼앗긴다. 인간의 주된 목적인 "하나님을 영화롭게 하고 그분을 영원히 즐기는 것"으로부터 한눈을 팔기가 너무도 쉽다.[2] 현실적으로, 하늘에 마음을 둘 만한 시간과 힘이 있는 사람이 얼마나 되는가? "위의 것을 생각하고 땅의 것을 생각하지" 않을 만큼의 집중력 혹은 의지가 있는 사람이 어디에 있는가?(골 3:2) 이생의 온갖 일에 관한 걱정을 그만두고 "먼저 그의 나라와 그의 의를 구"할 능력을 가진 사람이 어디에 있는가?(마 6:33)

하지만 성경에 따르면 이생에서 열매를 맺으며 거부할 수 없는 매력을 풍기는 온전한 삶을 사는 '유일한' 길은 예수님, 그리고 그분의 나라와 목적에 시선을 고정하는 것이다. '오직' 그럴 때만이 우리의 커리어, 가족, 우정을 비롯한 세상의 모든 일이 건강한 결과, 생명을 주는 결과로 이어질 수 있다.

예수님이 타협할 수 없는 유일한 소망이어야 한다. 그렇지 않고 예수님이 주변으로 밀려나고 삶의 중심을 다른 것이 차지하면 그것이 아무리 좋고 고귀한 것이라고 해도 나쁜 결과로 이어질 뿐이다. 예수님 외에 다른 콘센트에 전원 코드를 꽂고 생명이 들어오길 기대해 봐야 소용없다. 오히려 우리의 생명을 빼앗길 뿐이다.

영혼의 눈을 그리스도께 고정하다

누구나 영혼의 중심에 두고 있는 것이 있다. 누구나 보물처럼 여기는 것이 있다. 누구나 행복과 의미와 번영의 궁극적인 근원으로 삼는 것이 있다. 그것이 예수님이든 다른 사람이나 장소나 물건이든 우리는 '무언가'에 의존하며 살아간다. 그것이 우리의 주인이요 구원자가 되어 우리의 삶을 구원하고 지탱하고 통제해 주기를 바란다. 우리는 스스로에게 이렇게 말한다. "이것만 있으면 내 영혼이 평안해질 것이다. 이것만 꼭 부여잡으면 만사가 형통할 것이다. 내 생각과 말과 정력을 이것에 집중시키면 내 삶이 가치 있게 될 것이다."

이런 식으로 생각하면 예수님의 비유에서 돈과 물질만 바라보는 어리석은 부자처럼 된다. 그는 자신의 영혼을 향해 어리석은 설교를 한다. "영혼아, 여러 해 쓸 물건을 많이 쌓아 두었으니 평안히 쉬고 먹고 마시고 즐거워하자." 하지만 하나님은 그를 꾸짖으신다. "어리석은 자여 오늘 밤에 네 영혼을 도로 찾으리니 그러면 네 준비한 것이 누구의 것이 되겠느냐"(눅 12:20).

부자가 왜 어리석은 자인가? 그는 근시안적이다. 모든 사람은 죽는다. 그도 언젠가는 죽게 될 것이다. 그때 그는 그 많은 재물 중 단 하나도 가져가지 못한다. 그때는 그 많은 재물도 그에게 어떤 위로나 힘, 구원을 주지 못할 것이다.

또 다른 부자는 이런 말을 했다. "내가 모태에서 알몸으로 나왔사온즉 또한 알몸이 그리로 돌아가올지라 주신 이도 여호와시요 거두신 이도 여호와시오니 여호와의 이름이 찬송을 받으실지니이다"(욥 1:21).

그는 오직 창조주만이 해 주실 수 있는 것에 대해 창조된 것들을 의지한다는 점에서 어리석었다. 블레이즈 파스칼의 말처럼 우리 각 사람 안에는 "오직 무한하고 불변하는 대상, 즉 하나님만이 채우실 수 있는 무한한 심연"이 있다.[3] 하나님을 제외하고 궁극적인 만족을 찾는 인간의 노력은 언제나 불만족으로 이어질 뿐이다.

산상수훈에서 예수님은 하찮은 가짜 '보화'로 그분을 대신하려는 우리의 어리석은 성향을 다음과 같이 다루셨다.

"너희를 위하여 보물을 땅에 쌓아 두지 말라 거기는 좀과 동록이 해하며 도둑이 구멍을 뚫고 도둑질하느니라 오직 너희를 위하여 보물을 하늘에 쌓아 두라 거기는 좀이나 동록이 해하지 못하며 도둑이 구멍을 뚫지도 못하고 도둑질도 못하느니라 네 보물 있는 그곳에는 네 마음도 있느니라 눈은 몸의 등불이니 그러므로 네 눈이 성하면 온 몸이 밝을 것이요 눈이 나쁘면 온 몸이 어두울 것이니 그러므로 네게 있는 빛이 어두우면 그 어둠이 얼마나 더하겠느냐"(마 6:19-23).

우리 영혼의 '눈'이 무엇에 고정되어 있느냐는 너무도 중요하다. 우리의 영혼이 예수님에게서 눈을 떼어 다른 사람이나 다른 장소나 다른 것을 바라보며 그것이 우리를 만족시키거나 통제하거나 구해 주기를 원한다면 우리의 모든 부분이 병들게 된다. 반대로, 우리의 영혼이 예수님만을 바라본다면 다른 사람, 다른 장소, 다른 것과의 관계가 더 건강해진다.

J. R. R. 톨킨의 소설 《반지의 제왕》(Lord of the Rings)의 등장인물 중 골룸을 살펴보자. 골룸만큼 엉뚱한 것에 시선을 고정하면 나타나는 왜곡을 잘 보여 주는 사례도 드물다. 원래 골룸은 여가, 웃음, 다른 호빗들과의 우정을 즐기는 행복한 호빗으로 그려졌다. 하지만 그가 어떤 반지를 손에 넣은 운명의 날, 그 모든 것이 변했다. 더 정확히 말하면 그 반지가 그를 손에 넣은 날이었다. 골룸은 그 반지에 푹 빠져 고향, 친구들, 안전한 환경까지 다 버렸다. 그 반지를 자신의 소유물로 지키기 위해 심지어 삶까지 포기했다. 그 반지는 그를 현혹시켜 모든 관심과 사랑을 차지했다. 그것이 그의 유일한 사랑, 그의 '보물'(Precious)이 되었다. 그는 계속해서 속삭였다. "이걸 원해. 이것이 필요해. 이 보물을 가져야 해. 정말 밝아. 정말 아름다

위. 아, 내 보물."[4]

안타깝게도 골룸은 이 '귀한 보물'에 마음과 사랑을 빼앗겨 삶의 '진짜' 귀한 모든 것을 잃고 말았다. 그리고 내면만큼이나 외면도 징그럽게 왜곡되고 황폐해졌다. 달콤한 독처럼 보물은 결국 그의 모든 것을 망가뜨렸다.

우리는 어리석은 부자와 골룸의 이야기를 반면교사로 삼아야 한다. 우리 영혼의 눈이 건강하지 못하면, 예수님이 아닌 다른 대체물에 시선을 고정하면, 자신의 영혼을 향해 "이것만 가지면 네가 평안할 것이다"라고 말하면, 망하는 지름길이다.

특정한 보물 없이는 살 수 없다고 믿고 있는가? 하지만 오히려 그것과 '함께' 살 수 없다는 사실을 깨닫는 것은 시간문제이다. 예수님 외에 다른 보물에 시선을 고정하면 세상 속에서 하나님의 목적에 쓸모없는 인간, 심지어 방해가 되는 인간으로 전락할 수밖에 없다.

당신의 보물을 확인하라

톨킨 소설의 골룸처럼 우리는 어떤 종류든 보물에 끌린다. 옛 찬송가 가사처럼 "방황하기 쉬우니 … 사랑하는 하나님을 떠나기 쉬우니."[5] 그럴 때 우리는 의식적으로 혹은 무의식적으로 자신만의 반지에 관해서 계속해서 속삭이기 시작한다. "이걸 원해. 이것이 필요해. 이 보물을 가져야 해. 정말 밝아. 정말 아름다워. 아, 내 보물."

예수님에 따르면 가장 강한 유혹의 마수를 자랑하는 '보물' 중 하나는 바로 돈이다. "한 사람이 두 주인을 섬기지 못할 것이니 혹 이를 미워하고 저를 사랑하거나 혹 이를 중히 여기고 저를 경히 여김이라 너희가 하나님과 재물을 겸하여 섬기지 못하느니라"(마 6:24).

여기서 예수님이 재물(돈)에 대해서 사용하신 헬라어 단어는 '맘몬'(mannom)이다. 맘몬은 돈은 물론이고 돈으로 살 수 있는 모든 것을 아우르는 단어이다. 이 말씀으로 볼 때 우리의 보물을 확인할 수 있는 가장 좋은 방법은 바로 신용카드 사용 내역서를 보는 것이다. 돈을 쓰는 곳이 곧 우리의 예배가 집중되는 곳이기 때문이다. 거리낌이 없이 가장 많은 돈을 주기적으로 쓰는 곳이 우리가 가장 진정하고도 깊은 사랑을 쏟아 붓는 곳이다. 예수님은 우리의 보물이 있는 곳에 우리의 마음도 있다고 말씀하신다(마 6:21).

우리가 무엇에 진정으로 애정을 쏟고 있는지, 무엇이 우리의 삶을 진정으로 지배하고 있는지, 우리가 무엇을 진정한 '구원자'로 믿고 있는지 확인하기 위한 또 다른 방법은 우리가 무엇에 '관심'을 쏟고 있는지 보는 것이다. 다음과 같은 질문으로 자가 진단을 해 볼 수 있다. 무엇을 가장 많이 생각하는가? 특별히 관심을 기울여야 할 일이 없을 때 무엇에 관심을 집중하는가? 무엇 때문에 한밤중에 깨어 잠이 들지 못하는가? 무엇을 가장 많이 걱정하는가? 어떤 최악의 시나리오를 자주 상상하는가? 이런 질문에 대한 답은 무엇 혹은 누가 우리에게 가장 중요한지를 밝혀 준다. 우리가 무엇 혹은 누구를 예수님의 대체물로 의지하고 있는지를 밝혀 준다. 윌리엄 템플(William Temple) 대주교의 말처럼 우리가 혼자 있을 때 하는 것이 바로 우리의 종교이다.

무엇이 우리 안에 '걱정'을 일으키는지 확인하는 것도 한 방법이다. 내가 가지기 위해서 무슨 짓이라도 할 수 있는 것은 무엇인가? 무엇을 잃을까 봐 가장 두려운가? 무엇을 잃으면 아침에 눈을 뜨기 싫어질까? 아니, 살기가 싫어질까? 이런 질문에 대한 답은 우리의 진정한 보물이 무엇인지 밝혀 준다.

걱정과 마찬가지로 우리의 '행복'도 실질적인 보물을 밝혀 준다. 무엇이 내게 가장 큰 만족을 주는가? 무엇이 내게서 가장 큰 소리로 "만세!"를 이끌어 내는가? 무엇을 갖기만 하면 내 영혼을 향해 이렇게 설교할 수 있을까? "영혼아, 여러 해 쓸 이것을 많이 쌓아 두었으니 평안히 쉬고 먹고 마시고 즐거워하자."

진정한 보물의 마지막 지표는 '도덕적 타협'이다. 내가 성경의 어떤 부분을 자주 외면하는가? 예수님이나 모세, 바울, 다윗, 베드로가 어떤 말을 할 때 내가 다른 곳을 보거나 속으로 반박하는가? 인생의 어떤 면에서 가장 쉽게 하나님의 말씀을 거역하고 죄에 넘어가는가? 주로 어떤 면에서 내 영혼이 성경적인 진리에서 눈을 떼어 내게 옳아 보이지만 결국은 죽음으로 이어지는 길로 눈길을 돌리는가?(잠 14:12)

소유할 것인가, 소유당할 것인가

요한복음에서 우리는 니고데모를 만날 수 있다. 외부에서 보면 니고데모는 모든 것을 가진 사람이었다. 유대의 통치자요, 종교 지도자이며(요 3:1, 7:48-50) 매우 부유한 사람이었다. 뿐만 아니라 사회와 정계의 거물들과 연줄이 닿아 있는 지역 유지였다. 어느 모로 봐도 성공의 상징이었다.

하지만 내적으로 그는 허무함을 느끼고 있었다. 그런 면에서 그는 미식축구 스타 톰 브래디(Tom Brady)와 같다. 브래디는 성공의 정점에 섰을 당시 〈60분〉(60 Minutes)과의 인터뷰에서 다음과 같이 말했다.

"제가 왜 슈퍼볼 반지를 세 개나 끼고서도 뭔가 더 있어야 한다고 생각할까요? 그러니까 많은 사람이 저더러 성공했다고, 꿈을 이루었다고 말하죠. 하지만 저는 어떨까요? 저는 뭔가 더 있어야 한다고 생각해요. 그러니까 저는 겉으로 보이는 것이 전부가 아니에요. 그래요. 저는 목표를 이루었어요. 하지만 이제 겨우 스물일곱살이에요. 또 뭐가 있을까요? … 그것을 알고 싶어요. 정말 알고 싶어요 … 저는 미식축구를 사랑해요. 우리 팀의 쿼터백인 게 좋아요. 하지만 나에 관해서 찾아야 할 것이 아직 더 많다고 생각해요."[6]

니고데모는 자신의 삶에서 뭔가 빠진 것을 감지하고서 그 답을 얻고자 한밤중에 예수님을 찾아갔다. 톰 브래디처럼 막대한 부와 명예를 지닌 이 남자는 세상의 그 어떤 성공과 보화도 온전히 제공해 줄 수 없는 의미를 찾고 있었다(요 3:1-21).

역시 성경에 나오는 또 다른 부자, 우리가 흔히 '부자 청년'이라고 부르는 사람도 한 가지 질문을 들고 예수님을 찾아갔다. "선생님이여, 내가 무슨 선한 일을 하여야 영생을 얻으리이까?"

니고데모나 톰 브래디와 마찬가지로 부자 청년도 막대한 부와 지위에서 원하던 영적 보화를 얻지 못했다. 세상의 꼭대기에 섰지만 여전히 만족과 평안이 멀게만 느껴졌다. 아이러니하게도 예수님은 영생을 위해 그가 '할 수 있는' 유일한 일로 불가능한 일을 제시하셨다. 그는 하나님의 계명들을 완벽히 지켜야 했다. 살인하지 말고, 간음하지 말고, 도둑질하지 말고, 거짓 증언을 하지 말고, 아버지와 어머니를 공경하고, 이웃을 자기 몸처럼 사랑해야 했다. 자신의 영적 파산 상태를 전혀 몰랐던 부자 청년은 자신이 어릴 적부터 이 모든 계명을 지켜왔다는 어리석은 답변을 했다. 하지만 이런 맹목적인 자신감 속에서도 그는 결국 예수님께 이렇게 물을 수밖에 없다. "아직도 무엇이 부족하니이까?"(마 19:20)

아직 무엇이 부족한가? 니고데모와 부자 청년에게서 우리는 꿈에 그리는 삶을 사는 것처럼 보이는 두 사람을 본다. 둘 다 인간의 마음이 집착하기 쉬운 모든 보화를 손에 넣었다. 부와 명예, 쾌락,

종교와 도덕적 덕목까지 갖추었다. 하지만 그것만으로 충분하지 않았다.

톰 브래디처럼 젊은 나이에 인생의 목표를 이루었는가? 보기 드문 성공과 세상의 환호를 경험했는가? 학교를 수석으로 졸업했는가? 사업으로 큰돈을 벌었는가? 엘리트 사회로 진입했는가? 몸과 정신을 흠잡을 데 없이 완벽하게 가꾸었는가? 꿈에 그리던 사람과 결혼했는가? 다른 부모들이 부러워할 만큼 자녀를 번듯하게 키웠는가? 완벽한 종교적 덕목으로 지역 사회의 기둥이 되었는가? 그렇다면, 그래서 지금 어떠한가? 이런 것으로 인해 삶이 온전해진 느낌이 드는가? 마음 깊은 곳에서 갈망하는 행복을 얻었는가? 마침내 목적지에 도착했다고 말할 수 있는가? 아니면 아직 뭔가 부족하다는 기분을 지울 수 없는가?

많은 사람이 참되지 않은 무언가, 예수님의 대체물이 던지는 약속이나 팀 켈러가 말하는 '가짜 신'(counterfeit god)에게서 행복을 찾고 있다.[7] 이들에게서 가짜 신을 빼앗아 보라. 이들에게서 실질적인 주인이요 구원자를 빼앗아 보라. 이들에게서 보물을 빼앗아 보라. 부, 연인, 커리어, 육체적 건강, 우정, 명예, 뭐든 이들에게서 가짜 신을 빼앗는 것은 곧 의미와 기쁨의 실질적인 근원을 빼앗는 일이다.

니고데모와 부자 청년, 톰 브래디의 이야기는 이 외에 다른 것도 말해 준다. 어떤 이들은 가짜 신을 '빼앗긴' 탓에 행복을 잃는 반면, 어떤 이들은 가짜 신을 '얻은' 탓에 행복을 잃는다. 우리가 소유한 것이 우리의 보물이 되면 결국 그 보물이 우리를 소유하고 만다. 그리고 니고데모와 부자 청년, 톰 브래디처럼 우리가 평생 원하던 것을 마침내 손에 넣으면 그것이 사실은 우리가 진정으로 원하는 것이 아니라는 사실을 발견하게 된다.

세상의 성공과 행복이 항상 우리가 원하는 결과를 낳지 않는다는 점은 쉽게 확인할 수 있다. "아직 무엇이 부족한가?" 이 질문에 대한 답을 찾다가 지친 수많은 사람을 생각해 보라. 노벨상 수상 소설가 어니스트 헤밍웨이(Ernest Hemingway), 세계 문학사에 길이 남을 거목 버지니아 울프(Virginia Woolf), 영향력 높은 유명 저자 데이비드 포스터 월러스(David Foster Wallace), 시애틀의 록 스타 커트 코베인(Kurt Cobain), 오스카상 수상 배우 로빈 윌리엄스(Robin Williams), 선구적인 시인 실비아 플라스스(Sylvia Plath), 세계적인 패션 디자이너 알렉산더 맥퀸(Alexander McQueen), 문화적 아이콘이었던 배우 마릴린 먼로(Marilyn Monroe) 등을 떠올려 보라.

이와 같은 사람들은 두 가지 공통점이 있다. 첫째, 이들 모두는 성공, 인기, 명예, 부의 상징이었다. 둘째, 이들 모두는 그렇게 높은 성공, 인기, 명예, 부의 자리에서도 끊임없는 불만족에 시달렸다. 엄청난 성공의 한복판에서도 이들은 궁극적인 행복과 평안을 제공해 줄 보물을 찾지 못했다. 이것이 성공, 인기, 명예, 부가 항상 몰락과 파멸로 이어진다는 뜻일까? 전혀 아니다. 다만 이것들은 위험할 수 있다.

부자가 하늘나라에 들어가는 것이 낙타가 바늘귀를 통과하는 것보다도 더 어렵다는 예수님의 말씀은 이해하기 어렵다(마 19:24). 그런데 실제로는 성경 속에 많은 부자들이 하늘나라에 들어갔다. 예를 들어, 믿음의 조상 아브라함, 애굽 총리 요셉, 고난을 당했던 부자 욥, 이스라엘 왕 다윗, 다윗의 아들 솔로몬, 의사 누가, 재력가였던 아리마대 요셉, 지역의 부유한 유지 니고데모(나중에는 결국)는 다 하늘나라에 들어갔다.

　　세상이 주는 것을 소유하지만 결국 그것에 소유를 당하면 축복이 아닌 저주가 된다. 물론 부, 명예, 권력, 아름다움, 연인, 위로, 인기, 건강 등 세상이 성공이라고 말하는 것들은 감사하며 즐겨야 한다. 단, 그것은 우리가 이런 성공을 궁극적인 보물로 삼지 않을 때의 이야기이다.

　　계산은 아주 단순하다. 모든 것 빼기 예수님은 제로이고, 예수님 더하기 제로는 모든 것이다. 예수님을 얻으면 우리가 받은 다른 모든 사람, 다른 모든 장소, 다른 모든 것은 보너스가 될 수 있다. 그것이 행복의 근원은 아니되 하나님께 감사해야 할 복이 될 수 있다. 오두막에 사는 한 가난한 여인은 빵 한 조각을 떼고 컵에 찬 물을 채우며 이렇게 말했다. "이 모든 것에 예수 그리스도까지 있으니 이 얼마나 좋은가!"[8]

오직 그리스도만이 참된 보물이다

C. S. 루이스는 예수님 대신 다른 '보물'을 실질적인 주인이요 구원자로 삼는 인간의 타락한 성향에 관해서 썼다.

> "주님은 우리의 갈망이 너무 강하기는커녕 너무 약하다고 여기실 것이다. 우리는 무한한 기쁨을 내밀어도 내켜하지 않고 술, 섹스, 야망에만 만족하는 존재이다. 바닷가에서의 휴가를 권해도 그것이 무슨 의미인지 상상할 수 없어 계속해서 빈민가에서 진흙 파이나 만들려는 무지한 어린아이와도 같다. 우리는 너무 쉽게 만족한다."[9]

루이스는 오직 예수님만 "내게 무엇이 부족한가?"라는 질문에 대한 궁극적인 답을 주실 수 있다는 성경의 주장을 설명하면서 다음과 같이 말했다.

> "하나님은 우리를 창조하셨다. 사람이 엔진을 발명한 것처럼 우리를 발명하셨다. 자동차는 가솔린으로 간다. 그 외에 다른 것으로는 제대로 굴러가지 않는다. 마찬가지로, 하나님은 인간이라는 기계가 그분 자신을 연료로 가도록 설계하셨다. 우리의 영혼은 하나님이라는 연료를 태우도록 설계되었다. 우리의 영혼은 하나님이라는 음식으로 살아가도록 설계되었다. 다른 길은 없다. 이것이 하나님께 우리의 방

식대로 행복하게 해 달라고 요청하는 것이 바람직하지 않은 이유이다. ··· 하나님은 그분 밖에 있는 행복과 평안을 주실 수 없다. 왜냐하면 그런 것은 애초에 없기 때문이다."[10]

루이스의 말처럼 오직 하나님만이 우리 영혼의 답답함에 대한 답을 주실 수 있다면, 어떻게 해야 하나님이 우리의 길을 분명히 밝혀 주시는 삶을 살 수 있는가? 어떻게 해야 이 땅에 보화를 쌓지 않고 하늘에 보화를 쌓을 수 있는가? 어떻게 해야 하나님 나라와 그분의 의를 먼저 구함으로 이 모든 것이 더해지는 결과를 얻을 수 있는가? 어떻게 해야 가짜 신들을 살아 계신 유일한 참된 하나님으로 대체할 수 있을까? 어떻게 해야 그럴 듯해 보이는 보물을 쥔 손을 풀고 하나님의 품으로 돌아갈 수 있을까? 위대하고 영광스러운 하나님의 형상을 품은 우리 영혼의 "무한한 심연"을 채우실 수 있는 유일한 분께로 돌아가려면 어떻게 해야 하는가?

19세기 목사 토머스 찰머스(Thomas Chalmers)에 따르면 답은 "새로운 애정의 폭발력"에 휩싸이는 것이다. 마법이 풀리고 거짓 신들을 굳게 부여잡은 손이 풀리려면 우리 마음속에 살아 계신 참된 한 분 하나님을 향한 사랑이 불타올라야 한다.

요나 선지자는 이렇게 경고한다.

"거짓되고 헛된 것을 숭상하는 모든 자는 자기에게 베푸신 은혜를 버렸사오나"(욘 2:8).

어떤 보물이 우리를 부요하게 해 줄 것이라 믿고 있는가? 그것이 무엇이든 실제로는 우리를 가난하게 만들 것이다. 어떤 보물이 우리를 강하게 해 줄 것이라고 믿고 있는가? 그것이 무엇이든 실제로는 우리를 약하게 만들 것이다. 어떤 보물이 우리를 행복하게 해 줄 것이라고 믿고 있는가? 그것이 무엇이든 실제로는 우리를 불행하게 만들 것이다. 어떤 보물이 우리를 자유롭게 해 줄 것이라 믿고 있는가? 그것이 무엇이든 실제로는 우리를 노예로 만들 것이다. 어떤 보물이 우리를 온전한 삶으로 인도할 것이라 믿고 있는가? 그것이 무엇이든 실제로는 우리를 허무하게 만들 것이다. 어떤 보물이 우리 영혼의 갈증을 풀어줄 것이라 믿고 있는가? 그것이 무엇이든 실제로는 우리 영혼을 바짝 마르게 만들 것이다.

예수님이 우리 안의 골룸을 지적하실 때 우리는 고통스러울 수밖에 없다. 예수님은 우리를 구해 주시기는커녕 망칠 것들을 부여잡은 채 어둠 속에서 살기를 고집하는 우리 안의 골룸을 드러내신다. 예수님은 부자 청년에게 빛을 비추어 그가 진정으로 예배하고 있는 대상을 드러내셨다.

"네가 온전하고자 할진대 가서 네 소유를 팔아 가난한 자들에게 주라 그리하면 하늘에서 보화가 네게 있으리라 그리고 와서 나를 따르라"(마 19:21).

예수님은 부자 청년에게 가짜 신을 굳게 부여잡은 손을 풀라고 말씀하셨다. 빛 가운데 자신의 세상적인 보물들이 훤히 드러나자 청년은 고통스러워하며 떠나갔다. 버려야 할 재물이 많았기 때문이었다. 그는 끝내 자신의 보물을 내려놓을 수 없었다.

우리가 돈, 명예, 인정, 연인, 커리어 등 무엇이든 하나님보다 더 귀하게 여기고 있다면 하나님의 긍휼과 도우심을 구해야 한다. 그것은 궁극적으로 생명을 불어넣기는커녕 생명을 앗아갈 사람, 장소, 사물에 감정적인 전원코드를 꼽고 살아가는 것이기 때문이다. 무가치한 우상들을 부여잡고 그리스도 안에서 우리의 것이 될 수 있는 은혜를 포기하는 일이기 때문이다.

예수님은 "사랑하는 하나님을 떠나 … 방황"하는 우리의 연약한 성향에도 빛을 비추신다. 우리의 마음이 훤히 드러날 때 돈, 종교, 도덕적 덕목, 세상의 찬사, 친구와 인맥, 자녀와 배우자까지 우리가 의존하고 있는 모든 가짜 신을 예수님 앞에 내려놓아야 한다. 이 모든 것이 주변적인 것이고 오직 예수님만 중심에서 만사를 다스리신다는 사실을 깨달아야 한다. 우리의 삶이 어떻게 펼쳐질지, 우리가 얼마나 많은 힘과 영향력을 가질지, 남들이 우리를 어떻게 생각할지, 우리가 독신으로 살지 결혼할지, 우리의 자녀와 친구 관계, 수입까지 삶의 모든 면을 예수님이 주권적으로 결정하신다는 사실을 깨달아야 한다. 예수님은 우리의 감정적인 전원 코드를 그분께 꼽을 때라고 말씀하신다. 왜냐하면 그분은 생명의 유일한 참된 근원이시기 때문이다(요 15:5). 그분은 우리의 방패요 우리의 가장 큰 보상이시다(창 15:1). 그분은 우리의 분깃이요 기업이며 참되고 영원한 부이다(민 18:20). 그분은 우리에게 부족한 한 가지, 우리가 구해야 할 한 가지, 우리의 마음이 추구해야 할 한 가지, 우리의 시선이 고정되어야 할 한 가지가 되신다(시 27:4).

예수님은 우리에게 어디까지 가라고 요구하시는가? 예수님은 얼마나 내려놓으라고 말씀하시는가? 얼마나 그분께 넘겨 드려야 우리의 보물이 이 땅이 아닌 좀과 동록이 해하고 도둑이 구멍을 뚫고 훔칠 수 없는 하늘에 쌓일 수 있을까?(마 6:19) 어떻게 해야 우리의 성공이 재난이나 절망으로 이어지지 않을 수 있을까? 이에 예수님은 충격적인 대답을 내놓으신다. "무릇 내게 오는 자가 자기 부모와 처자와 형제와 자매와 더욱이 자기 목숨까지 미워하지 아니하면 능히 내 제자가 되지 못하고 … 이와 같이 너희 중의 누구든지 자기의 모든 소유를 버리지 아니하면 능히 내 제자가 되지 못하리라"(눅 14:26, 33).

과연 이 말씀이 진심일까? 물론이다. 다만 여기서 예수님은 요점을 강조하기 위해 '과장법'이라는 문학적 장치를 사용하신다. 우리를 원수처럼 대하는 사람들까지 포함해서 남들을 사랑하라는 가르침(마 5:44)으로 볼 때 여기서 예수님은 '실제로' 가족을 미

위해야 한다고 말씀하시는 것이 아니다. 그렇다면 요지는 무엇일까?

요지는 이것이다. 예수님은 우리를 너무도 깊이 사랑하셨다. 그분은 우리를 영원히 얻기 위해 자신의 생명까지 희생하셨다. 그분은 십자가를 감내할 정도로 우리를 "그 앞에 있는 기쁨"으로 여기셨다(히 12:1-2). 그분은 우리를 그분의 분깃이요 기업이며 부로 소중히 여기신다(엡 1:18-19). 이에 대한 보답으로 우리는 그분을 사랑해야 한다(요일 4:19). 이런 이유로 그분을 향한 우리의 사랑은 다른 어떤 사랑과도 비교할 수 없을 만큼 지극히 깊고도 강해야 한다.

가장 가까운 사람들, 심지어 우리의 목숨에 대한 사랑조차 그분을 향한 사랑에 '비해' 미움처럼 보일 정도가 되어야 한다. 그분, 오직 그분만이 참된 보물이어야 한다. 그분이 묻힌 밭을 사기 위해 우리가 가진 전부를 팔 수 있을 정도가 되어야 한다. 그분, 오직 그분만이 우리가 가진 전부를 팔아 살 만한 가치가 있는 귀한 진주가 되어야 한다(마 13:44-46).

예수께 인생을 걸면…

꽉 붙잡는 것이 옳고 유익한 한 분이 예수님이시다. 예수님은 오히려 우리를 붙잡아 주시는 진정한 보물이시다. 예수님은 우리에게 해를 끼치는 대신 생명을 주신다. 우리를 망하게 하는 대신 번영하게 하신다. 우리를 옭아매는 대신 해방시키신다. 예수님은 우리를 붙잡아 주시며 우리가 다른 무엇보다도 꽉 붙잡아야 하는 분이다.

예수님께 전부를 걸면 인생의 중요한 사람들을 소홀히 여기거나 무시하거나 버리게 될까? 예수님을 얻는 것이 우리가 소중히 여기는 다른 모든 사람, 다른 모든 장소, 다른 모든 것을 '잃는' 것을 의미할까? 전혀 아니다! 흥미롭게도 사람들을 '진정으로' 잘 사랑하기 위한 열쇠는 과장법적인 의미에서 그들을 '미워하는' 것이다.

이렇게 생각할 수 있다. 예수님을 너무 사랑해서 그분을 위해 내 아버지와 어머니를 '떠나면', 예수님을 나의 궁극적인 보물로 삼고 내 인생 속의 다른 모든 사랑을 부차적으로 여기면, 부모를 향한 애정과 공경심이 줄어드는 것이 아니라 오히려 커진다. 그것은 아버지와 어머니를 공경하는 것이 '예수님을 향한' 감사와 충성심을 증명하는 한 방법이기 때문이다. 예수님을 사랑하는 것은 그분의 계명에 순종하는 일이며 그 계명에는 "네 부모를 공경하라"(출 20:12)와 "자녀들아, 주 안에서 너희 부모에게 순종하라. 이것이 옳으니라"(엡 6:1)가 포함된다. 예수님을 향한 사랑과 충성이 부모를 향한 사랑과 공경을 초월할 때 나는 오히려 부모에게 '더 나은' 자식이 된다. 예수님을 떠나서보다 그분 안에서 내가 '거부할 수 없는' 아들이 될 가능성이 훨씬 더 높다.

마찬가지로, 내 사랑의 서열에서 예수님이 아내와 자식보다 위에 있을수록, 예수님이 가족들보다 더 중요해질수록 나는 더 사랑 많고 세심하고 이타적이고 부지런한 남편이자 아내가 된다. 왜 그럴까?

예수님을 나의 궁극적인 보물로 삼는 것은 그리스도가 교회를 사랑하신 것처럼 내 아내를 사랑하는 것을 포함하기 때문이다. 아내를 위해 목숨을 내놓을 정도로 아내를 소중히 여기고, 아내를 라이벌이나 열등한 존재가 아닌 동등한 동반자로 여기고, 나의 바람과 필요보다 아내의 입장을 더 생각하게 된다(엡 5:25-30; 빌 2:1-4). 예수님을 떠나서보다 그분 안에서 내가 '거부할 수 없는' 남편이 될 가능성이 훨씬 더 높다.

가족을 잘 사랑하는 것에는 좋은 선물을 자녀에게 주고, 주님을 사랑하고 그분께 순종하는 사람으로 자녀를 양육하고, 자녀에게 참되고 아름다운 것을 가르치고, 자녀에게 얼마나 깊이 사랑하는지를 말해 주고, 자녀를 노엽게 하지 않고, 위와 같이 하지 못할 때마다 겸손히 사과하고 용서를 구하는 것을 포함한다(마 7:11; 엡 6:1-4; 약 5:16). 예수님을 떠나서보다 그분 안에서 내가 '거부할 수 없는' 아버지가 될 가능성이 훨씬 더 높다.

내 안의 골룸을 잠재우고 내 커리어보다 예수님을 중시하면 나는 더 나은 직원이요 사장이 된다. 왜 그럴까? 예수님을 보물로 대하는 행동은 내가 하는 모든 일을 하나님의 영광을 위해서라고 여기게 된다(고전 10:31). 직원으로서 나는 누가 보든 보지 않든 상관없이 대충 일하지 않고 최선을 다할 것이다. 궁극적으로 내가 섬기는 분은 주님이시기 때문이다. 사장으로서 나는 임금을 공정하게 지급하고, 나를 위해 일하는 직원들을 무시하지 않을 것이다. 그들을 하나님 앞에서 나와 동등한 사람으로 존중하고 인격적으로 대할 것이다(엡 6:5-6; 딤전 5:18). 예수님을 떠나서보다 그분 안에서 내가 '거부할 수 없는' 직원이요 사장이 될 가능성이 훨씬 더 높다.

마찬가지로, 돈이 예수님보다 덜 중요해지면 내 모든 관계가 더 건강하고, 더 생명을 주는 관계가 된다. 예수님을 나의 궁극적인 보물이요 가장 진정한 보물로 삼으면 하나님과 가난한 사람들에게 재물을 후히 내놓고, 빚을 지지 않고, 미래 세대의 유익을 위해 저축을 하고, 세금을 제대로 내고, 기본적인 필요에서 나를 의존하는 이들을 돌보게 된다(말 3:8-10; 잠 14:31; 22:7; 13:22; 막 12:17; 롬 13:8; 딤전 5:8). 예수님을 떠나서보다 그분 안에서 내가 '거부할 수 없는' 시민이요 이웃이 될 가능성이 훨씬 더 높다.

마지막으로, 심지어 내가 원수처럼 행동할 때도 예수님이 나를 얼마나 사랑하시는지 알면 친한 사람들에게 더 나은 이웃이 될 뿐 아니라 나를 '적'으로 간주하는 사람들에게도 더 나은 이웃이 된다. 예수님을 나의 궁극적인 보물로 삼으면 나와 생각이나 신념이 같은 사람들뿐 아니라 다른 사람들까지도 사랑하게 된다. 나를 좋아하는 사람들만이 아니라 그렇지 않은 사람들까지도 섬기게 된다. 모욕에 친절로, 이견 차이에 이해와 공감으로 반응하게 된다. 예수님이 명령하신 것처럼 사랑으로 보답하지 않을 사람들까지도 사랑하게 된다. 예수님을 떠나서보다 그분 안에서 내가 '거부할 수 없는' 남편이 될 적이 훨씬 더 높다.

예수님을 향한 사랑으로 불타오르고 그분을 궁극적이고도 참된 보물로 삼으면 우리의 마음이 그분을 가장 사랑하게 된다. 그러면 다른 모든 것을 꼭 쥔 손이 느슨해진다. 더 이상 그것들에 집착하지 않는다. 그 꼭 쥔 손을 놓으면 사랑의 예수님은 그 모든 것을 돌려주신다. 때로는 전보다 더 크고 더 많이 돌려주신다. 욥의 인생 후반부가 전반부보다 두 배로 복되고(욥 42:12), 사도 바울이 거친 권력자였을 때보다 감방에서 더 큰 기쁨을 찾고(빌 3:8; 4:11-13), 숨겨진 하나의 보물을 위해 전 재산을 포기한 사람이 큰 기쁨을 누렸던 것처럼(마 13:44) 예수님을 모든 보물 위의 보물, 만왕의 왕, 만주의 주로 삼을 때 우리의 삶은 놀라울 만큼 풍성해진다.

예수님의 말씀처럼 그분의 나라와 의를 먼저 추구하면 이 세상의 모든 것이 우리에게 더해진다. 생명을 얻는 길은 잃는 것이다. 가장 진정한 의미에서 온전하고 부요하게 되는 길은 아낌없이 주는 것이다. 현재 세상에 가장 큰 기여를 하는, 거부할 수 없는 믿음을 보여 주는 사람이 되는 길은 바로 다가올 세상에 시선을 고정하는 것이다.

"영혼아, 예수님이 너를 위해 길을 밝혀 주신다. 예수님은 네가 진정으로 필요한 모든 것을 알고 계시며 그 모든 것을 영원토록 쓰고 남을 만큼 쌓아 두셨다. 그 모든 것에 예수 그리스도까지 있으니 평안히 쉬고 즐거워하자."

매일 우리의 영혼을 향해 이렇게 말할 때 진리 안에 거할 수 있다.

"

Part 2

세상이 기대하는
'바로 그 공동체'가 되려면

크리스천의 교제는 서로의 중보를 통해 존재한다. 그렇지 않으면 무너진다. 내게 아무리 큰 골칫거리인 사람이라 해도 그를 위해 기도하면 더 이상 그를 비난하거나 미워할 수 없다. 지금까지 이상하고 꼴 보기 싫었던 얼굴이 중보를 통해 예수님이 죽음으로 구원하신 형제의 얼굴이요 용서받은 죄인의 얼굴로 변형된다.
- 디트리히 본회퍼(Dietrich Bonhoeffer)

사랑에는 거짓이 없나니 … 형제를 사랑하여 서로 우애하고 존경하기를
서로 먼저 하며 … 성도들의 쓸 것을 공급하며 손 대접하기를 힘쓰라 … 즐
거워하는 자들과 함께 즐거워하고 우는 자들과 함께 울라 서로 마음을 같
이하며 높은 데 마음을 두지 말고 도리어 낮은 데 처하며 스스로 지혜 있는
체 하지 말라.
- 로마서 12장 9-16절

CHPTER 4

내면의 카멜레온을
죽이고,
진짜 나를 보이라

'음악의 도시'로 불리는 내슈빌에서 살다보면 다른 곳에서는 누리기 힘든 특별한 기회들이 찾아온다. 나의 경우에는 한 달에 한 번씩 역사적인 라이먼 오디토리엄(Ryman Auditorium)의 무대 뒤편에서 음악가들에게 기도해 줄 기회가 있다.

어느 날 밤, 여러 히트곡을 내고 전 세계를 돌며 공연하는 유명 가수를 만났다. 그녀가 마이크를 들면 어떤 무대든 열광의 도가니로 변한다. 대화 중에 나는 세계적인 가수로 사는 인생이 어떠한지 물었다. 그녀는 자신이 누리는 부와 명성이 겉으로는 화려해 보이지만 주로 마이크나 스크린이나 지면을 통해 남들과 관계를 맺는 삶이기에 고통스러울 정도로 외롭다고 말했다.

그녀는 외로움이 가득한 얼굴로 지독히 슬픈 삶을 살고 있다고 말했다. 그녀는 가정을 돌볼 시간적 여유가 없다고 했다. 그녀는 늘 딸과 멀리 떨어져 지내는 것에 깊은 죄책감을 느꼈다. 믿을 만한 친구도 많지 않았다. 사람들이 다가와도 의심부터 들었다. 자신을 있는 그대로 사랑하는 것인지 자신의 돈이나 명성, 인맥, 자신이 열어 줄 수 있는 기회의 문에만 관심이 있는 것인지 알 수 없었기 때문이다. 그녀는 말했다. "5분 뒤면 저 무대에 서야 합니다. 수천 명이 저만 바라보며 제 노래를 따라 부르겠죠. 내일도, 다음날도 그럴 거예요. 정말 멋진 삶이라고 생각하시겠죠. 꿈을 이루었다고 말이에요. 하지만 실상은 그렇지 않아요. 무대에서 내려오면 저는 세상에서 가장 외로운 사람이 된답니다."

이 솔직한 고백에 하나님이 태초로부터 내내 하신 말씀이 떠올랐다. "혼자 있는 것은 좋지 않다." 아무리 많은 팬이 있어도 진정한 친구에 대한 우리의 욕구를 채워 줄 수 없다. 수많은 군중이 팔로우하고 찬사를 보내는 것보다 단 한 사람이 나를 깊이 알고 사랑해 주는 것이 훨씬 낫다. 이 여가수의 인기는 그 자체로는 전혀 나쁜 것이 아니지만 '실질적인' 인간의 친밀함과 연결을 대신할 수는 없다.

우리의 삶 속에 이런 연결이 없다면 믿음을 유지할 수 없다. 예수님은 제자들의 '서로'라는 역할이 세상이 우리의 믿음을 가늠하기 위한 필수적인 요소라고 말씀하셨다. '서로'의 역할이 중요하다. 즉 우리는 서로 사랑해야 한다. 서로를 위해 기도해야 한다. 서로에게 진리를 말해 주어야 한다. 서로 격려하고 세워 주어야 한다. 서로의 짐을 들어 주어야 한다. 하나님이 그리스도 안에서 우리를 용서해 주신 것처럼 서로를 용서해야 한다. 서로를 환대해야 한다. 예수님은 이렇게 말씀하셨다. "너희가 서로 사랑하면 이로써 모든 사람이 너희가 내 제자인 줄 알리라"(요 13:35).

친밀함과 연결, 진정한 '서로'의 역할이 부재하면 개인적으로도 영향을 받는다. 즉 관계가 없이는 믿음을 유지할 능력을 잃는다. 우리는 한 분인 동시에 세 분이신 하나님의 형상을 따라 창조되었다. 그 하나님은 한 분이신 참된 하나님이신 동시에 성부와 성자와 성령님의 세 위로 계시는 분이다. 그분의 형상으로서 그분께 연결된 자라면 역시 그분께 연결된 다른 사람들과 깊이 연결되어야 한다. 외로움과 고립은 삼위일체 하나님이 주신 모든 수단으로 싸워야 할 저주이다. 자신의 마음을 다루는 동시에 남들과 힘을 합쳐 이 저주와 싸워야 한다. 이를 위해 에덴동산에서부터 내려온 악순환을 끊기 위한 새로운 패턴, 습관, 자세가 필요하다. 아담과 하와처럼 우리의 삶은 '벌거벗었으나 부끄럽지 않고' 서로를 깊이 알고 사랑하며 서로의 치부가 드러나도 거부하지 않는 모습에서 자꾸만 자신을 감추고 책임을 전가하고 고립되고 숨는 모습으로 변질되고 있다.

서로에 대한 경계로 공동체를 무너뜨리는 패턴들이 대세를 이루고 있다. 따라서 '가상' 친구, 팔로우, 좋아요, 팬이라는 피상적인 대체물에서 벗어나 서로를 제대로 알기 위한 새로운 패턴들이 필요하다. 하나님은 고립이 아닌 공동체, 이기주의가 아닌 상호의존, 냉담과 거리가 아닌 서로를 따스하게 받아 주는 관계의 존재로 우리를 창조하셨다.

하지만 이 방향으로 나아가려면 개인적으로나 상호적으로나 강한 의지와 노력이 필요하다. 내가 무대 뒤편에서 만난 그 여가수의 이야기는 사실상 우리의 이야기이기 때문이다. 그녀의 경우처럼 우리 삶의 겉모양은 실제보다 더 깊이 연결되고 더 관계적이고 더 훈훈해 보일 때가 많다. 무대 위나 설교단 뒤, 스크린 속에서 보면 우리는 훨씬 더 하나가 된 것처럼 보인다. 하지만 우리의 마음에서 느끼는 바는 전혀 다르다. 우리의 성과와 프로필이 우리의 현실을 숨기고 있다. 내면 깊은 곳에서 우리는 외로움을 느낀다. 창세기 3장 에덴동산에서 처음 하와에게 선포되었던 (최상의 조건에서도 관계를 맺기가 힘들 것이라는) 저주는 지금 우리의 삶에도 드리워져 있다. 고립은 우리에게 고통스러우리만치 익숙해져 있다. 심지어 옹기종이 둘러앉은 저녁 식탁에서도 외로움이 느껴진다. 하지만 우리는 이런 상태를 당연하게 받아들이지 말아야 한다.

소설가 토머스 울프(Thomas Wolfe)의 말처럼 인간 존재의 중심적이고도 피할 수 없는 현실은 '외로움'이다.[1] 내향적인 사람이든 외향적인 사람이든, 기혼이든 미혼이든, 무대 위에 서 있든 싸구려 좌석에 앉아 있든, 설교를 하고 있든 사랑의 노래를 듣고 있든, 우리 모두는 연결되는 데 어려움을 겪고 있다.

혼자 있는 것은 좋지 않다

왜 외로움이 만연한가? 왜 사람이 외로워하는 것이 예외적인 경우가 아니라 일반적인 경우처럼 보이는가? 성경에 따르면 우리가 외로움을 겪는 이유는 우리가 잘못되었기 때문이 아니라 오히려 '제대로' 되었기 때문이다. 우리가 외로움을 경험하는 것은 우리가 지금보다 더 강한 연결, 친밀함, 사랑을 누리도록 창조되었다는 사실을 내면 깊은 곳에서 알기 때문이다. 우리는 현재 상황이 뭔가 잘못되었다는 것을 알고 있다. 그렇다. 뭔가 잘못되었다. 이는 경험적으로 알 수 있는 사실일 뿐 아니라 신학적인 사실이기도 하다.

창세기의 첫 번째 장에서 하나님은 우주를 창조하고서 '매우' 좋다고 선포하셨다(창 1:31). 하지만 여전히 뭔가가 빠져 있었다. 그 한 가지로 인해서 하나님의 완벽한 세상은 아직 완전하지 않았다. 이제 하나님은 이렇게 말씀하신다. "사람이 혼자 사는 것이 좋지 아니하니"(창 2:18). 아직 '죄'가 들어오기 전임에도, 하나님이 낙원에서 이런 부정적인 평가를 내놓으셨다는 사실이 놀랍다. 하나님의 완벽한 세상에 여전히 한 가지가 빠져 있었다. 그것은 바로 아담의 동반자였다.

하나님이 낙원에서 아담의 외로움을 다루기 위해 주신 답은 바로 인생의 동반자 하와였다. 곧, 그를 위하여 돕는 배필이었다(창 2:18). 성경은 "배필"(helper)을 높게 여긴다. 심지어 성경은 하나님을 "보혜사"(helper)로 부른다. 이는 하나님이 그분의 백성들을 강하게 하고 보호하며 필요한 것을 공급해 주는 분이라는 뜻이다. 하나님은 아담과 하와가 삶을 함께 나누며 그분의 뜻을 수행하도록 이어 주셨다. "하나님이 자기 형상 곧 하나님의 형상대로 사람을 창조하시되 남자와 여자를 창조하시고"(창 1:27).

하와가 아담에게 처음 선을 보였을 때 아담의 예술 감각이 발동하면서 인류 역사상 최초의 사랑의 시가 탄생했다.

"내 뼈 중의 뼈요 살 중의 살이라 이것을 남자에게서 취하였은즉 여자라 부르리라 이러므로 남자가 부모를 떠나 그의 아내와 합하여 둘이 한 몸을 이룰지로다 아담과 그의 아내 두 사람이 벌거벗었으나 부끄러워하지 아니하니라"(창 2:23-25).

이 구절을 표면적으로만 읽으면 우리의 외로움에 대한 유일한 성경적 답이 결혼이며, 결혼하지 않은 사람들은 관계적으로 불완전하다고 생각하기 쉽다. 이는 잘못된 성경 읽기이다. 이유는 다음과 같다. 첫째, 이별을 겪어 본 이들은 잘 알듯이 때로는 부부 '안에서'도 가장 깊은 형태의 외로움을 경험할 수 있다. 남편과 아내가 부부 싸움을 하고 나서 서로 분리되어 대화도 사과도 용서도 하지 않을 때 그런 외로움이 찾아온다. 결혼은 외로움의 문제를 치유해 줄 수 있는 '특효약'이 아니다. 둘째, 결혼한 사람들만 관계적으로 완벽할 수 있다면 결혼에 관한 성경의 최고 스승들(예수님과 사도 바울)은 둘 다 불완전하다고 보아야 한다.

하지만 전혀 그렇지 않다. 바울은 독신으로서 자신의 삶에 감사했다. 덕분에 한눈을 팔지 않고 하나님 나라의 일에 전념할 수 있었기 때문이다. 심지어 그는 가능하면 결혼을 하지 않는 것이 최선이라는 말까지 했다(고전 7:8). 마찬가지로 결혼하시지 않은 예수님은 처음부터 완전하셨다. 그분은 "보이지 아니하는 하나님의 형상"이시오 "하나님의 영광의 광채시요 그 본체의 형상"이시다

(골 1:15; 히 1:3). 당연한 말이지만 하나님보다 완전한 존재는 있을 수 없다.

그럼에도 바울과 예수님은 둘 다 혼자 있는 것이 좋지 않다고 인정했다. 바울과 예수님은 타인과 깊이 연결되어 남녀를 막론한 많은 친구들과의 우정을 즐겼다. 바울은 어디를 가나 동반자를 대동했다. 그리고 방문한 마을마다 깊은 우정을 쌓았다. 그는 그렇게 사귄 사람들의 이름을 자신의 신약 서신서들에서 애정을 듬뿍 담아 언급했다.

예수님의 경우에는 열두 명의 친밀한 동반자들이 있었다. 바로, 제자들이다. 그중 베드로, 야고보, 요한과 가장 친밀한 관계를 가지셨다. 이 외에 마리아, 마르다, 막달라 마리아 같은 여성들과도 깊은 사귐을 가지셨다. 바울과 예수님도 친구가 필요했다면 우리도 친구가 필요하다. 낙원에서도, 심지어 하나님께도 혼자는 좋지 않다.

가면을 벗고 진짜 얼굴을 보이다

아담과 하와가 하나님의 선하심과 권위를 거부하고 금단의 열매를 먹자 눈이 뜨여 갑자기 자신들이 벌거벗었다는 사실을 깨닫게 되었다. 이 새로운 자의식은 일련의 행동을 발동시켰다. 이 모든 행동은 자신들이 한 짓에 대한 수치심을 감추기 위한 전략이었다. 이런 행동을 할수록 하나님과 서로에게서 점점 멀어져만 갔다. 한때 자유와 자기 표현과 상호 즐김의 상징이었던 벌거벗음이 순식간에 수치의 상징으로 돌변했다. 누군가 보고 있다는 사실이 더 이상 안전하게 느껴지지 않았다. 이에 그들은 자신을 감추기 위해 무화과 나뭇잎을 엮은 옷을 걸쳤다.

아담은 수치를 숨기기 위해 하나님을 도망해 숨었다. 그러다 하나님께 발견되자 변명을 늘어놓고 하나님과 하와에게 책임을 전가했다. 아담은 하나님께 이렇게 말했다. "하나님의 소리를 듣고 … 두려워하여 숨었나이다."

그리고 뻔뻔하게도 변명을 이어갔다. "하나님이 주셔서 나와 함께 있게 하신 여자 그가 그 나무 열매를 내게 주므로 내가 먹었나이다." 하와도 '뱀'이 자신을 속여 금단의 열매를 먹었다며 책임을 회피했다(창 3:1-13).

이런 책임 회피와 전가와 숨기는 에덴동산에서부터 시작되어 지금의 우리에게까지 이어져 오고 있다. 우리도 벌거벗음과 수치를 고통스럽게 자각함으로 하나님과 사람들, 심지어 자신으로부터도 숨는 데 달인이 되었다. 오늘날 우리는 자신에 관해서 인정하고 싶지 않거나 괜히 알려져서 곤란에 빠지기 쉬운 사실을 숨기기 위해 무화과 나뭇잎 대신 더 정교한 전략을 사용한다. 우리는 우리의 진면목을 알면 누구도, 심지어 하나님조차도 우리를 사랑하거나 원하지 않을 것이라고 생각한다. 경계심을 풀고 가면을 벗는 순간, 본모습을 들키고 버림받고 잊힐 것이라고 생각한다.

아담과 하와의 이야기가 보여 주듯이 우리의 깊은 곳에는 숨으려는 강한 성향이 자리하고 있다. 하지만 흥미롭게도 성경에서는 매우 다른 성향도 발견된다. 성경에서 가장 모범적인 성도들은 벌거벗음을 숨기기 위해 도망치고 숨고 가면을 쓰는 대신, 가면을 벗고 자신을 드러낸 채 투명한 삶을 살았다. 그들은 죄와 흠과 약점을 은밀히 하나님께 고백할 뿐 아니라 자신의 가장 어두운 모습을 서로와 세상에 공개하고 고백했다.

요나는 자신의 이야기를 전하면서 심술궂고 이기적이고 미움으로 가득하고 특권 의식에 사로잡힌 자신의 모습을 가감 없이 공개했다(욘 1-4). 바울은 탐욕과의 계속된 사투를 솔직히 인정하면서 큰 소리로 한탄했다.

"오호라, 나는 곤고한 사람이로다!"(롬 7:24)

또한 그는 불경스럽고 폭력적인 박해자였던 자신의 과거를 돌아보며 자신이야말로 세상에서 가장 악한 죄인이라고 고백했다(딤전 1:12-17). 죄를 투명하게 고백한 시편 51편은 이런 말로 시작된다. "다윗의 시 … 다윗이 밧세바와 동침한 후." 이 시편에서 다윗은 자신의 가장 충성스러운 장수이자 친구 중 한 명의 아내인 밧세바를

범한 죄를 회개한다.

요나와 바울과 다윗은 멜로 드라마 같은 이야기로 사람들의 관심을 끌려고 과도하게 개인사를 고백한 것이 아니었다. 그들은 하나님의 사랑이 얼마나 길고 높고 넓고 깊은지를 세상에 보여 주기 위해 '최악의' 모습을 용기 내어 공개한 것이다. 그들은 시대와 장소를 초월한 모든 독자들이 죄가 가득한 곳에 하나님의 은혜가 더욱 넘친다는 사실을 확신하기를 원했다(롬 5:20). 다시 말해, 그들은 은혜가 하나님과 사람들 사이에서만 필요한 것이 아니라 사람들과 사람들 사이에서도 전해질 수 있는 것으로 보았다. 그런 의미에서 은혜는 개인적인 것이 아니라 공동체적인 것이다.

그들의 고백은 하나님의 은혜와 긍휼과 용서가 자신들과 같은 자들에게도 미칠 수 있다면 어떤 종류의 사람도 변화시킬 수 있다는 메시지를 온 세상에 던진다. 그들은 한 분이신 참된 하나님이 한두 번만이 아니라 반복적으로 용서하시며 소위 사소한 죄만이 아니라 극도로 수치스러운 커다란 죄까지도 용서하신다는 사실을 세상 모든 사람이 알기를 원했다. 이 옛 성도들이 세상에 전하고 싶었던 하나님은 더없이 은혜롭고 자비로우시며, 노하기를 더디 하고 사랑이 넘치는 분이다(시 103:8). 우리 하나님은 그만큼 거부할 수 없는 위대한 분이다.

내면의 카멜레온과 헤어지기

　그런데도 왜 우리는 가면을 벗고 진실한 얼굴을 보이기를 두려워하는가? 왜 우리는 자신의 진짜 모습, 특히 창피한 모습을 드러내는 것을 꺼려하는가? 왜 우리는 요나, 바울, 다윗을 보며 "하나님이 죄와 슬픔과 후회로 가득한 이들의 이야기를 통해 끝없는 사랑을 보여 주시니 얼마나 놀라운가!"라고 감탄하면서도 정작 죄와 구속을 보여 주는 우리의 이야기는 철저히 비밀에 부치는가? 하나님이 이런 진실함을 통해 역사하신다는 사실을 알면서도 왜 우리는 계속해서 자신의 이미지를 지키고 프로필을 돋보이게 만드는 데만 혈안이 되어 있는가? 우리가 보기보다 아름답지도 완벽하지도 못하다는 것을 누구에게도 들키기 싫어한다.

　하나님은 그리스도 안에 우리를 향해 웃음을 지으시는데 왜 우리는 계속해서 남들의 이목을 통제하는 데 끝없이 힘을 쏟아 붓는가? 왜 그런 식으로 자신과 함께 남들을 외로움으로 몰아가고 있는가? 무엇보다도, 우리가 그렇게 다른 사람에게서 숨고 있으니 어떻게 그리스도를 모르는 이웃들에게 투명하게 다가가 사랑을 전해 줄 수 있겠는가!

　우디 앨런(Woody Allen)의 영화 〈젤리그〉(Zelig)는 이런 질문에 대한 답을 찾는 데 도움을 준다. 레나드 젤리그(Leonard Zelig)라는 이름의 주인공은 열등감에 사로잡힌 피상적인 인물이다. 그는 어디를 가나 그곳에 모인 사람들에 맞게 성격을 수시로 바꾸는 "인간 카멜레온"으로 불린다.

한 장면에서 젤리그는 마더 테레사(Mother Teresa)와 함께 굶주린 사람들을 먹이는 사랑의 종으로 그려진다. 다른 장면에서는 나치 병사들과 어울려 오른팔을 들며 "하일 히틀러"를 외친다. F. 스캇 피츠제럴드(Scott Fitzgerald)가 주최한 파티에서는 거물들과 어울려 어색하게 대화하며 엘리트 계층인 척한다. 그러다가 갑자기 하인들과 직원들이 있는 주방으로 돌아가 피츠제럴드의 하객 명단에 있는 배부른 속물들에게 노동자처럼 거친 욕설을 퍼붓는다.

결국 젤리그는 자신이 누구인지 모르는 정체성의 위기에 빠진다. 카멜레온 전략을 쓰다가 실제로 카멜레온이 된 것이다. 만나는 사람마다, 참여하는 일마다 다른 성격을 보이다보니 인간으로서 자신이 누구인지 알 수 없는 지경에 이르렀다. 그는 이 문제를 다루기 위해 유도라 플레처(Eudora Fletcher)라는 최면 치료사를 찾아간다. 젤리그가 최면에 빠진 뒤 다음과 같은 대화가 오간다.

"플레처 박사: 왜 그런 성격들을 보이는지 말씀해 보세요.

젤리그: 안전하거든요.

플레처 박사: 안전하다는 게 무슨 뜻이죠?

젤리그: 그러니까 … 남들과 같아진다는 거죠.

플레처 박사: 안전해지고 싶은가요?

젤리그: 다들 좋아하는 사람이 되고 싶어요."[2]

젤리그의 이야기는 우리 안에 있는 카멜레온을 가리킨다. 주변 환경에 따라 피부색을 변화시킬 수 있는 이 작은 파충류처럼 우리는 포식자처럼 보이는 이들에게서 자신을 보호하기 위해 사회적 환경에 따라 우리의 '색깔'을 바꾸곤 한다.[3]

젤리그처럼 우리는 안전하기를 원한다. 남들이 우리를 좋아하기를 원한다. 이유는 단순하다. 거부는 견디기 힘들 정도로 고통스럽기 때문이다. 우리 안의 카멜레온 혹은 브레넌 매닝이 말하는 "사기꾼"(the Imposter)는 우리가 자신을 숨기고 무리에 섞여 들어가기 위해 사용하는 다양한 '색깔' 혹은 가면을 말한다. 우리는 일터 자아, 집 자아, 인터넷 자아, 파티 자아, 교회 자아, 침실 자아를 비롯해서 노출과 공격으로부터 자신을 안전하게 보호하기 위해 사용하는 다양한 자아를 가지고 있다. 하지만 이 전략은 우리를 통합되고 온전한 사람이 아닌 분열된 사람으로 만든다. 무리에 속하기 위해 수시로 색깔을 바꾸는 사이에 우리는 옛 우스갯소리의 주인공처럼 되어 버린다. "이것들이 내 원칙이오. 혹시 이것들이 마음에 들지 않으면 … 음, 다른 원칙들도 있소."[4]

우리는 안전하기를 원한다. 남들이 좋아해 주기를 원한다. 이것을 잭 밀러(Jack Miller) 목사는 "인정 중독"(approval suck)이라고 불렀다.[5] 고백한다. 나는 남들이 좋아해 주기를 절실히 바라는 인정

중독자이다. 나는 안전해지길 간절히 원하는 인간 카멜레온이다. 그리고 물론 당신도 마찬가지이다. 하지만 수시로 색깔을 바꾸니 관계가 더 좋아지던가? 친구가 더 많아지던가? 공동체가 더 공고해지던가? 당신의 믿음에 거부할 수 없는 매력이 더해지던가? 아니면 역효과를 낳는가? 오히려 더 외로워지고 더 심한 오해를 받고 더 큰 수치심과 두려움에 빠지는가? 그런데도 우리는 이런 안타까운 결과보다 내면의 카멜레온을 쫓아내는 데 따르는 위험을 더 두려워한다. 하지만 사랑에 관한 C. S. 루이스의 다음과 같은 경고에서 보듯이 이 위험을 피하면 더 큰 위험에 빠진다.

> "사랑하는 일은 약해지는 일이다. 뭐든 사랑하려면 마음이 괴롭고 심하면 찢어질 각오를 해야 한다. 상처 하나 없이 안전하게 지키고 싶다면 아무한테도 마음을 주지 말라. 심지어 동물한테도 마음을 주지 말라. 취미와 얄팍한 사치들로 고이 포장하라. 누구와도 얽히지 말라. 그저 마음을 이기주의 관에 넣고 꼭 잠그라. 하지만 안전하고 어둡고 아무 움직임도 없고 공기도 통하지 않는 그 관 안에서 마음은 변한다. 상처를 입지는 않지만 부수고 뚫어서 바로잡을 수 없게 단단히 굳어 버린다. 사랑하는 것은 약해지는 일이다. … 천국 외에 모든 위험과 변화로부터 완벽히 안전한 곳은 오직 지옥뿐이다."[6]

이상적인 세상이라면 요나, 바울, 다윗을 투명하게 살게 한 복음의 진리들이 우리에게도 같은 힘을 주어야 한다. 우리의 죄는 이미 다 용서를 받았기 때문에 사실상 숨길 것이 하나도 없다. "하나님이 우리를 위하시면 누가 우리를 대적하리요?" 하나님은 예수님의 완성된 사역을 통해 우리를 흠이 없다 선포하셨다. 그래서 우리는 더 이상 증명할 것이 없다.

"아버지께서 우리를 매우 기뻐하신다!" 하나님이 우리를 깊이 사랑하시고 그 무엇도 우리를 그분의 사랑에서 떼어 놓을 수 없으니 더 이상 두려워할 것이 없다.

"우리는 그분의 보물이다! 우리는 그분의 것이요 그분은 우리의 것이다!"

하지만 우리가 이런 현실 속으로 들어가 자유롭게 되는 것을 방해하는 장애물이 하나 더 남아 있다. 그것은 바로 '만성 기억상실증'이다. 우리는 그리스도 안에서 더 이상 섬기고 증명하고 두려워할 것이 없다는 복된 소식을 듣자마자, 잊어버린다. 타락한 상태로 인해 복음이 계속해서 우리에게서 새어나간다. 그래서 더 좋은 기억법이 필요하다.

영혼을 치료하는 말의 힘

텔레비전에서 팝 역사상 가장 성공한 가수 중 한 명인 머라이어 캐리(Mariah Carey)의 인터뷰를 본 적이 있다. 그 인터뷰에서 캐리는 수천 마디의 찬사를 듣다가도 한마디의 비판이 날아오면 그 한마디가 수천 마디의 찬사를 잠재워 버린다고 말했다. 나는 이 딜레마가 남 얘기 같지 않지 않다. 어떤가? 당신도 그렇지 않은가?

칭찬과 인정은 모래처럼 손가락 사이로 빠져나간다. 반면, 모욕과 비판은 끈끈이처럼 들러붙어서 아무리 애를 써도 잘 떨어지지 않는다. 아담과 하와를 유혹했고 "형제들을 참소하던 자"(계 12:10) 혹은 사탄으로도 불리는 뱀은 우리의 귀에도 끊임없이 "하나님이 참으로 … 하시더냐?"(창 3:1)라고 속삭이며 우리를 속이려고 한다. "하나님이 참으로 네가 용서를 받고 그분의 눈에 흠이 없으며 영원히 사랑을 받을 것이라고 말씀하실까? 전혀 그렇지 않다. 네가 수치스럽고 무가치한 죄인이라는 것은 너도 알고 나도 아는 사실이다!" 뱀은 우리의 마음을 향해 끊임없이 이런 거짓말을 속삭인다.

이것이 19세기의 목사 로버트 머리 맥체인(Robert Murray M'Cheyne)이 자신을 한 번 볼 때마다 그리스도를 열 번 봐야 한다고 말한 까닭이다.[7] 우리는 자꾸만 뱀의 입에서 나오는 비난과 속박의 음성에 대해서는 볼륨을 높이고 아버지의 입에서 나오는 용서와 자유의 음성에 대해서는 볼륨을 줄이는 경향이 있다. 그래서 이렇게 매일 그리스도를 열 번 보는 습관이 너무도 중요하다. 태초부터 이

어져 온 가면 쓰기, 자기방어, 숨기의 패턴에서 벗어나려면 머리와 가슴의 새로운 패턴들을 배우고 실천해야 한다. 그러려면 서로의 도움이 필요하다.

하늘 아버지의 음성을 더 또렷이 듣기 위해 성경의 명령대로 서로에게 "사랑 안에서 참된 것을" 말해야 한다(엡 4:15). 작가 앤 보스캠프(Ann Voskamp)가 강연에서 말했던 것처럼 우리는 "영혼을 더 강하게 해 주는 말만 해야" 한다.[8] 하나님이 피로 사신 사랑받는 자녀로서 우리는 서로를 무시하는 말이 아니라 서로를 세워 주고 끌어 주는 말을 사용해야 한다. 사랑 안에서 참된 것을 말하는 것은 곧 격려의 말을 해 주는 일이다. 서로의 영혼에 용기를 불어넣는 말을 해 주는 것이다. 가장 좋은 방법 중 하나는 하나님이 세심히 선택하여 우리에게 선포하신 생명을 주는 말을 사용하는 것이다.

모든 기독교 공동체와 교회들이 이 간단한 습관(오직 영혼을 더 강하게 해 주는 말만 하는 것)을 실천하면 영적인 일에 무관심해진 사람들이 다시 영적인 일에 관심을 갖기 시작하지 않을까? 종교를 회의적으로 바라보며 기독교를 멀리하던 사람들이 다시 기독교를 탐구하기 시작하지 않을까? 그렇게 생각하지 않는가?

최상의 '아웃리치'는 우리 스스로 속하고 싶은 공동체, 다른 곳에서는 찾아보기 힘든 공동체가 되는 것이라는 말이 있다. 모두가 예민해져서 공격하고 비방할 것만 찾는 이 시대에 기독교의 돌파구는 바로 이것이다! 돈 한 푼 들지 않는 이 단순하고도 오래된 습관이야말로 평범한 믿음을 거부할 수 없는 믿음으로 바꿀 열쇠이다. 친구와 이웃, 동료들에게 '세상의 빛'과 '땅의 소금'과 '산 위의 동네'가 되기 위한 방법은 아주 간단하다. 그저 서로에 대한 비판이 아닌 온유를 선택하고, 서로의 좋은 면을 봐 주고, 서로 무시하기보다는 서로 세워 주면 된다. 우리가 이런 습관을 열심히 실천하면 삶에 어떤 변화가 일어날 것인가?

"몽둥이와 돌로는 내 뼈를 부러뜨릴 수 있지만 말로는 내게 상처를 줄 수 없다." 이 어리석은 말을 기억하는가? 비판이 얼마나 심하게 가슴을 찌르는지 인정한 머라이어 캐리의 말이 이 말보다 훨씬 더 솔직하다. 몽둥이와 돌은 실제로 우리의 뼈를 부러뜨릴 수 있지만 말도 우리에게 깊은 상처를 주고 우리의 영혼을 부술 수 있다. 나쁜 소식을 듣거나 수치나 비판의 말을 듣거나 저속한 조롱이나 험담의 대상이 되어 본 사람이라면 이것을 잘 알 것이다. 지금도 수백만 명이 상담 치료를 받고 있다. 주변 사람의 입이나 자신의 마음속에서 나온 '말'이 그들에게 깊은 상처를 입혔기 때문이다.

상처 주는 말은 다음과 같은 것들이다. "너는 무가치해. 너는 추해. 너는 별 볼일 없어. 너는 항상 나를 실망시켜. 너는 왜 오빠처럼 하지 못하니? 너는 너무 뚱뚱해. 너는 너무 비쩍 말랐어. 우리 이혼해. 네가 창피해 죽겠어. 네가 정말 미워. 네가 태어나지 않았으면 좋았을 텐데."

하지만 말은 영혼을 망가뜨릴 힘만 있는 것이 아니라 영혼을 세워 줄 힘도 있다. 말은 지친 영혼에게 힘을, 절망한 영혼에게 소망을, 두려움에 떠는 영혼에게 용기를 줄 수 있다. 말은 영혼을 더 강하게 해 줄 수 있다. 그런 말에는 이런 것들이 있다. "너는 중요해. 너는 하나님의 형상이야. 너는 잘할 때만이 아니라 못할 때도 사랑을 받는 존재야. 너는 다른 누구에게도 없는 재능을 지니고 있어. 너는 특별한 존재야. 너는 하나님의 자녀요 예수님의 신부이며 성령님의 그릇이요 하나님 나라의 상속자야. 네게서 엄청난 잠재력이 보여. 나는 너를 누구보다도 높이 평가해. 네가 꼭 필요해. 너를 존중해. 나를 용서해 주겠니? 너를 용서해. 너를 좋아해. 너를 사랑해."

이런 말은 마음을 세우고 영혼을 치유하는 말이다. 이런 말은 가면을 쓰고 숨어 사는 삶에서 해방시키고, 카멜레온 같은 이들로 하여금 진정한 정체성을 발견하고 그에 따라 살게 해 준다. 이런 생명을 주는 말은 우리 안의 가식적인 자아가 숨은 동굴에서 나와 빛 가운데로 걸어가 자신의 진짜 이야기를 솔직하게 털어놓을 수 있도록 용기를 준다. 이런 말은 우리의 흠, 문제점, 죄뿐만 아니라 그 한복판에서 경험하는 하나님의 아름다우심과 선하심, 자비로우심까지 솔직하게 말할 수 있게 해 준다.

서로를 향한 축복의 유익

수치의 말의 볼륨을 줄이고 영혼을 강하게 해 주는 말의 볼륨을 높이기 위해 우리 교회는 '축복'(benediction)이라는 문화를 만들어 가고 있다. 이것은 '좋은 말'을 의미하는 라틴어 단어이다.

월요일마다 우리는 서로에게 생명을 주는 말을 건네며 교역자 모임을 시작한다. 그 목적은 서로를 공개적으로 격려하고 인정하고 축복함에 있다. 우리는 하나님이 우리 모두를 끊임없이 추구하신다는 사실을 서로에게 말로 표현한다. "하나님이 당신 안에서, 당신 주변에서, 당신을 통해, 당신을 위해 역사하시는 것이 보입니다. 당신이 얼마나 중요한 존재인지 알기를 원합니다. 당신이 우리와 함께하기 때문에 우리가 훨씬 더 큰 열매를 맺고 있습니다." 우리는 매우 구체적으로 표현하기 위해 노력한다.

"앤지(Angie)와 수잔(Suzanne)은 우리 모두에게 위대한 리더십을 보여 주고 있습니다. 밥(Bob), 당신은 주변 모든 사람의 잠재력을 최대한 이끌어 내고 있습니다. 캐머런(Cameron), 오는 손님들마다 당신의 환대를 칭찬한답니다. 이 부분에서 당신이 얼마나 귀감이 되는지 모릅니다. 린(Lynn), 오늘도 당신의 음악은 말할 수 없이 아름다웠습니다. 캐미(Cammy), 당신 덕분에 우리 교회가 가난하고 소외되어 쉽게 잊히는 사람들을 잘 섬길 수 있습니다. 분명 예수님이 몹시 기뻐하실 겁니다. 맬러리(Mallory), 하나님은 당신이 아이들을 사랑하도록 창조하셨습니다. 예수님이 당신을 크게 기뻐하실 것이 분명합니다. 스캇 솔즈, 설교를 항상 30분 이내로 마치다니, 정말 대단합니다!"

이 축복의 문화는 특별히 찬양 예배 시간에 온 교인들에게로 흘러간다. 주일마다 성전에 가득 테이블을 펴고 성찬식을 할 때면 온 교회가 서로를 향한 축복으로 가득해진다. 교인들이 빵과 잔을 받기 위해 테이블로 오면 목사와 장로들은 그들의 눈을 똑바로 보면서 생명의 말을 건넨다. 그들의 수치와 죄책감과 슬픔을 지적하는 말의 볼륨을 줄이고 지극히 높으신 하나님의 아들과 딸이라는 정체성을 상기시켜 주는 말의 볼륨을 높인다.

"당신을 위해 주신 그리스도의 살과 피입니다. 받아 먹고 마시세요. 그리스도 안에서 하나님은 당신의 심판 날을 미래에서 과거로 옮기셨습니다. 당신은 용서를 받아 그분의 눈에 흠 없는 존재가 되었습니다. 당신은 한없는 사랑을 받고 있습니다. 그리스도께서 죽기 전에 마지막으로 하신 '다 이루었다'라는 말씀은 모든 부담감이 사라졌다는 뜻입니다. 이제 당신이 얼마나 깊은 사랑을 받고 있는지를 늘 기억하며 빛 가운데 사세요."

빵과 잔을 먹은 뒤 교인들은 성전 안을 돌며 그리스도의 "평안을 전하며" 서로 연결되는 시간을 가진다. 남녀노소 상관없이 서로를 위해 기도하고 고백하고 환영하고 격려의 말을 한다. 영혼을 더 강하게 하고 서로의 영혼 속에 용기를 되살리는 말을 주고받는다.

이런 축복의 시간은 교역자 모임과 예배 시간 너머까지 뻗어나
간다. 한번은 내가 신랄한 비판을 받고 어깨가 축 처져 있었다. 가장
힘든 부분은 그 비판의 말들이 사실이라는 점이었다. 참다못한 나
는 한 교인에게 힘들다는 말을 했다. 그러자 그는 나를 얼마나 자
랑스러워하는지 모른다는 투로 격려해 주었다. 그는 나를 리더로
서 존경하며 나를 이끄시는 하나님의 손이 분명히 보인다고 말했
다. 그리고 나서 내가 매주 남들에게 전하는 설교가 내게도 똑같이
적용된다는 사실을 기억나게 해 주었다. 가끔 설교가 끝나면 그는
나를 찾아와 "목사님, 오늘은 덩크슛이네요!"라고 말해 준다(우리
는 둘 다 농구를 사랑한다). 이런 말 한마디가 나에게는 천금과도 같다.
이런 말은 수치의 말의 볼륨을 줄이고 은혜의 말의 볼륨을 높여 준
다. 이런 말은 내 영혼에 다시 용기를 불어넣는다.

친구들과 가족들이 이런 식으로 내게 복음을 일깨워 준 덕분에
숨은 동굴에서 나오고 내 안의 카멜레온을 버릴 수 있는 용기가 점
점 더 커졌다. 덕분에 내 길은 점점 요나, 바울, 다윗의 길과 하나로
합류되고 있다. 내 성공과 실패와 죄와 구속의 이야기도 남들을 세
워 주는 도구로 보기 시작했다. 내 이야기를 통해 하나님의 은혜가
나 같은 자에게도 미칠 수 있다면 누구에게라도 미칠 수 있다는 사
실을 남들이 깨닫지 않을까 하는 생각을 하기 시작했다.

그렇게 우리가 함께 숨은 곳에서 나오면 서로 전보다 덜 외로

워질 것이다. 숨은 곳에서 함께 나오지 않겠는가? 우리 영혼의 건강과 우리 공동체의 진정성, 나아가 우리 믿음이 '거부할 수 없는 매력'을 가지느냐가 여기에 달려 있다. 그리고 어떤 결과가 나오든 적어도 그 속에 분명 우리 예수님이 함께하실 것이다.

우리는 모두
영적 돌봄이
필요하다

고백할 것이 있다. 가끔 내 입에서는 악취가 난다. 설상가상으로 나는 그것을 전혀 모를 때가 많다. 아내 패티(Patti)는 내 구취의 공격을 피하고 남들도 보호하기 위해 빨리 박하사탕을 먹거나 껌이라도 씹으라고 알려 준다. 아내가 그렇게 말하는 것은 내게 상처를 주기 위해서가 아니라 오히려 나를 돕기 위해서이다. 아내의 말을 무시하는 것은 어리석은 개와 같은 행동이다.

사실 나는 진짜 애견인이다. 나는 여느 견주들처럼 우리 개가 뼛속까지 충성심이 강하고 늘 주인을 반겨 주고 주인의 곁을 떠나기를 싫어하고 주인이 밟는 땅을 성지로 여길 만큼 주인을 사랑한다고 믿는다. 우리는 남들이 우리를 실제 모습으로 보기보다는 개들이 우리를 보는 것처럼 우리를 봐 주기를 바란다.[1] 개들은 우리에게 그저 무한한 사랑과 존경심만 보낸다. 단, 목욕할 시간이 오기 전까지만이다.

우리 집 개 룰루는 충성심이 남다르고 모든 사람에게 친절하며 배변 훈련이 아주 잘 되었다. 우리가 집에 들어가면 녀석은 우리를 세상에서 가장 귀한 사람처럼 대접해 준다. 우리를 보면 반가워서 어쩔 줄 몰라 한다. 우리가 조금이라도 슬프거나 아파하면 금방 알아채고서 얼굴에 다시 미소가 떠오를 때까지 곁을 떠나지 않는다. 정말이지 가장 좋은 친구의 특징을 다 갖추었다.

하지만 가끔 녀석의 입에서는 악취가 난다. 특히, 쓰레기통을 뒤지고 난 뒤에는 구취가 진동을 한다. 설상가상으로 어떤 날에는 몸 전체에서 참기 힘든 악취가 풍긴다. 그런데도 녀석은 전혀 알지 못한다. 그럴 때 나는 녀석을 머리끝부터 발까지 목욕시켜 주는 친절을 베푼다. 하지만 녀석은 이 친절을 전혀 친절로 받아들이지 않는다. 오히려 지독한 배신으로 받아들인다. 녀석은 물과 샴푸만 보면 기겁을 한다. 이 두 가지의 조합만 보면 우리가 자기를 죽이려 드는 줄 안다. 수도에서 물이 나오기 시작하자마자 녀석은 우리의 친구라는 본연의 역할을 재빨리 던져 버린다. 대신 녀석은 미친 듯이 내게 으르렁거리고 발톱으로 할퀴면서 내 손에서 벗어나려고 안간힘을 쓴다. 다른 모든 상황에서는 나를 열렬히 흠모하던 녀석이 지독한 악취를 없애 주려고 도울 때마다 내게 달려들며 나를 적으로 취급한다.

그리스도를 더 닮아갈 기회

인간들은 때로 개처럼 어리석게 굴곤 한다. 아내가 내 입에서 악취가 난다고 지적할 때마다 내가 나를 그냥 두라며 으르렁거리고 '발톱으로 할퀴려고' 한다면 어떠한가? 감사하기는커녕 내 입이 문제가 아니라 아내의 코가 문제라고 우긴다면? "당신의 후각이 망가진 것이니 신경 쓰지 말아요!"라고 말한다면?

누군가 우리에게 상처를 받았다고 말한다면 흘려듣지 말아야 한다. 그의 말에 유심히 귀를 기울어야 마땅하다. 물론 예외적인 경우도 있지만 누군가 우리의 말이나 행동으로 고통을 받았다거나 우리로 인해 자신과 주변 사람들의 삶이 힘들어졌다고 한다면 그 말을 진지하게 받아들여 자신을 철저히 점검해 보는 것이 옳다. 우리의 숨이나 몸이 좋지 않은 냄새를 풍길 때는 자신을 점검해야 한다. 무엇보다 우리 인격의 흠이 관계적인 악취를 풍길 때는 더욱 점검해야 한다.

예수님은 이런 경우에 대해 분명한 가르침을 주셨다.

"네 형제가 죄를 범하거든 가서 너와 그 사람과만 상대하여 권고하라 만일 들으면 네가 네 형제를 얻은 것이요 만일 듣지 않거든 한두 사람을 데리고 가서 두세 증인의 입으로 말마다 확증하게 하라 만일 그들의 말도 듣지 않거든 교회에 말하고 교회의 말도 듣지 않거든 이방인과 세리와 같이 여기라"(마 18:15-17).

사도 바울도 이런 상황을 다루었다.

"형제들아 사람이 만일 무슨 범죄한 일이 드러나거든 신령한 너희는 온유한 심령으로 그러한 자를 바로잡고 너 자신을 살펴보아 너도 시험을 받을까 두려워하라 너희가 짐을 서로 지라 그리하여 그리스도의 법을 성취하라"(갈 6:1-2).

참된 친구 나단이 간음죄와 살인죄를 사적으로 지적했을 때 회개했던 다윗은 이런 글을 남겼다.

"의인이 나를 칠지라도 은혜로 여기며 책망할지라도 머리의 기름 같이 여겨서 내 머리가 이를 거절하지 아니할지라"(시 141:5).

성경을 보면 사도 바울도 이런 종류의 지적을 한 적이 있다. 베드로가 안디옥 교회에 도착하자 바울은 그가 이방인 크리스천들을 멀리했던 것에 대해 공개적으로 "그를 대면하여 책망"했다. 바울이 복음의 진리에 어긋난 것으로 보고 지적했던 베드로의 행동은 소위 할례파에 대한 두려움에서 비롯되었다. 영향력이 높지만 이단적인 이 집단은 그리스도를 믿을 뿐 아니라 유대교 관습과 절기, 성경 외의 율법들을 받아들임으로써 유대교 문화에 동화된 자들만이 하나님께 진정으로 받아들여지고 사랑받은 자들이라는 주장을 펼쳤다. 베드로에 대한 바울의 지적은 직접적이고도 강했다.

"네가 유대인으로서 이방인을 따르고 유대인답게 살지 아니하면서 어찌하여 억지로 이방인을 유대인답게 살게 하려느냐"(갈 2:14).

바울은 베드로를 비롯해서 위선에 빠진 크리스천들을 바로잡아 참된 복음으로 돌아오게 만들기 위해 이런 강력하고도 공개적인 비판을 했다. 베드로는 그리스도의 십자가 죽음이 거룩하신 하나님과 악한 인간들 사이의 담을 허물 뿐 아니라 다른 집단들과 문화들 사이의 담도 허물었다는 사실을 누구보다도 잘 아는 사람이었다. 그리스도 안에서는 남성이나 여성, 노예나 자유인, 유대인이나 헬라인의 구분이 없다. 그리스도 안에서는 모두가 하나이다(갈 3:28).

어느 한 집단을 옹호하고 다른 집단을 배척하는 행위는 특히 교회의 리더들에게는 단순한 실수가 아니다. 그것은 반기독교적이요 반그리스도적이다. 바울이 베드로의 행동을 공개적으로 지적한 것이 좀 가학해 보일 수 있지만, 바울은 복음의 순수성과 동시에 바울의 온전함을 보호하기 위해서 이 조치가 반드시 필요하다고 보았다. 실제로 이것은 사랑의 행위였다.

바울의 지적에 베드로가 당장 어떤 반응을 보였는지에 관한 기록은 없지만 베드로가 바울의 질책을 겸허히 받아들였음을 알 수 있다. 어떻게 알 수 있는가? 나중에 베드로는 자신의 서간문에서 자신에 관한 갈라디아서의 이 부분까지 포함해서 바울의 모든 글을 성경으로 인정하고 있다(벧후 3:16).

또한 갈라디아서에서 바울이 베드로의 위선을 지적한 것이 나중에 베드로가 그리스도와 그분 나라의 사자(그리고 나중에는 순교자)로서 소명을 감당하기 위한 용기를 기르는 데 중요한 역할을 했음을 알 수 있다. 갈라디아에서 특정한 유대인들이 어떻게 생각할까 두려워 이방인들에게 거리를 두었던 베드로는 특정한 낯선 자들이 어떻게 생각할까 두려워 예수님을 세 번이나 부인하며 그분께 거리를 두었던 위인이기도 하다(마 26:69-75).

하지만 바울을 비롯한 믿음의 형제자매들이 격려하고 구속적인 지적을 해 준 덕분에 베드로는 누구보다도 담대하고 용감한 믿음의 용사가 되었다. 나는 베드로야말로 인류 역사상 가장 '거부할 수 없는' 복음 설교자였다고 말하고 싶다. 하나님께서 특별히 바울의 통렬한 비판을 통해 베드로에게 심어 주신 용기의 열매는 핍박받는 신자들에게 용기를 전해 주는 그의 서신서들에서 똑똑히 볼 수 있다. 물론 사도행전에 기록된 그의 담대한 복음 전도 사역에서도 볼 수 있다.

나단과 다윗, 바울과 베드로, 예수님과 제자들, 그 이외 수많은 성경 속 관계에서 볼 수 있는 사랑의 지적이 내게는 쉽지 않다. 나는 누가 '내' 죄와 '내' 위선을 들추어내는 것을 아주 싫어한다. 누구라도 나를 지적하면 재빨리 그 자리를 도망치고 싶다. 하지만 그럴 때마다 마귀를 덜 닮고 그리스도를 더 닮아갈 기회를 놓치는 것이다.

지적의 말은 누구에게나 듣기 힘들다. 심지어 우리를 가장 사랑하는 사람들에게서도 지적의 말은 듣기가 쉽지 않다. 하지만 수시로 서로를 지적하고 바로잡아 주는 일이 없다면 참된 우정과 건강한 공동체는 존재할 수 없다. 최상의 모습을 향해 가는 길은 어색하고 창피한 순간을 포함한다. 이 순간을 기꺼이 받아들이면 하나님과 사람 앞에서 더 나은 사람이 될 수 있다. 거부할 수 없는 믿음을 기르려면 우리가 복음의 길에서 벗어날 때마다 사람들의 지적을 허용하고 반기는 겸손이 필요하다.

우리는 사실상 삶의 모든 부분에서 지적과 조언을 소중히 여긴다. 부모들은 자녀를 잘 키우기 위해 상담과 양육 관련 서적 구입에 많은 돈을 쓰며 부모로서의 약점을 보완한다. 마찬가지로, 운동선수들은 경기를 잘 하기 위해 뼈를 깎는 연습을 해야 한다는 코치의 말을 되새겨 육체를 극한까지 훈련시킨다. 기업가들은 자문가의 의견을 받아들여 자신의 리더십을 갈고 다듬는다. 환자들은 건강 회복에 꼭 필요하다는 의사의 말에 따라 쓴 약을 먹는 것은 물론이고 따끔한 주사와 힘겨운 치료를 받아들이고 심지어 칼로 몸을 찢는 고통까지 감수한다.

고통스럽더라도 진실을 말하지 않으면 큰 대가를 치른다. 예를 들어, 의사가 검사 결과에서 암을 보고도 환자에게 모든 부분이 깨끗하다고 말하면 환자는 결국 죽고 의사는 의료 사고로 쇠고랑을 찰 것이다. 마찬가지로, 주변 사람들의 파괴적인 생각과 말과 행동에 대해 함구하는 것은 '영적' 의료 사고의 죄를 짓는 행동이다. 디트리히 본회퍼는 이 점을 분명히 알고서 기독교 공동체에 관한 역작 《성도의 공동생활》(*Life Together*)에 이렇게 썼다.

"남들을 죄에 내어 주는 관대함보다 더 잔인한 일은 없다. 공동체 안의 다른 크리스천을 죄의 길에서 불러내는 엄한 질책보다 더 큰 연민

은 없다.">[2]

잠언에서는 "면책은 숨은 사랑보다 나으니라 친구의 아픈 책망
은 충직으로 말미암는 것이나"(잠 27:5-6)라고 말한다.

냄새 나는 개가 목욕을 필요로 하고 죄를 지은 다윗과 사도 바
울이 질책을 필요로 한 것처럼, 우리도 죄의 악취를 풍길 때 사랑으
로 진실을 말해 주는 목소리가 필요하다. 디트리히 본회퍼는 이 원
칙을 때로 '참된' 크리스천 공동체 안에서 나타나는 갈등에 적용하
면서 다음과 같이 말했다.

> "크리스천 공동체에 스며든 모든 인간적인 바람이나 꿈은 참된 공동
> 체의 방해물이기 때문에 참된 공동체가 생존하려면 몰아내야 한다.
> 크리스천 공동체 자체보다 공동체의 꿈을 더 사랑하는 사람은 그 의
> 도가 아무리 정직하고 진지하고 희생적이라 해도 공동체를 파괴하는
> 자가 된다.">[3]

눈감아 주는 것을 '사랑'으로 착각하다

우리 가족이 뉴욕 시에 살던 때였다. 모임을 위해 한 장소에서
다른 장소로 급히 가야만 했다. 일단은 첫 모임이 있던 건물 28층에

서 엘리베이터를 타고 내려가야 했다. 엘리베이터 안에는 엄마와 어린 딸이 함께 타고 있었다. 그런데 딸이 갑자기 나를 보며 씩 웃더니 이렇게 말했다. "잘 봐요." 그러더니 장난기 가득한 표정으로 엘리베이터 전 층의 버튼을 하나도 빠짐없이 전부 눌렀다. 당연히 나는 다음 모임에 늦었다. 그것도 35분이나 늦었다. 하지만 더 황당했던 것은 딸이 로비까지 층마다 모든 버튼을 누른 뒤에 엄마가 내가 한 말이다. "하는 짓이 정말 귀엽지 않아요?"

당장 한마디 해 주고 싶었다. "이보세요, 지금 따님의 행동은 귀여운 것이랑은 거리가 멀어도 한참 멀어요." 하지만 겨우 입술을 다스리고 어색한 미소만 지어 보였다.

몇 년이 지난 지금도 딸의 행동에 대한 그 엄마의 반응을 도무지 이해할 수가 없다. 왜 어린 딸이 모든 버튼을 누르는 것을 막지 않았을까? 왜 그 일을 아이에게 절제, 배려, 시간의 가치를 가르칠 기회로 삼지 않았을까?

그 엄마는 우리가 비슷한 기회를 무시하는 것과 같은 이유로 나쁜 행동을 지적할 기회를 무시한 것이 아닐까? 그 이유는 바로 그것을 '기회'로 보지 않는다는 것이다. 대부분은 대놓고 진실을 말하는 것(에베소서 4장 15절에서 바울의 표현을 빌자면 "사랑 안에서 참된 것을 (말)하는 것")을 좋아하지 않는다. 남들이 우리를 좋아해 주길 바라기 때문에 긁어 부스럼을 만들려고 하지 않는다. 심지어 상대방이 겸손히 듣기만 하면 큰일을 피할 수 있는 상황에서도 입을 다문다. 이는 비겁한 모습이다.

　나는 지금, 내가 사랑해야 할 사람들에게서 위선을 발견하고도 그것을 사랑으로 지적해 줄 기회를 그냥 흘려보낸 적이 너무 많다는 사실이 생각나 낯이 뜨겁다. 그런가 하면 성경에 분명히 있는 말씀인데도 기분 나빠할 사람들이 있을까 봐 소화하기 힘든 부분을 빼고 말하고 싶은 유혹을 느끼는 순간도 많다. 다른 신자가 험담을 하는 소리를 듣고도 지적하지 않고 넘어갈 때도 있다. 다른 사람이 공격받는 것을 가만히 듣고만 있거나 심지어 공격에 동참하기도 한다. 자녀나 남편의 욕을 하는 것을 보고 괜히 지적하다가 어색한 상황이 될까 봐 조용히 넘어갈 때도 있다.

　환자의 겨드랑이에서 혹을 발견한 의사도 그렇게 할까? 당연히 아니다. 의료계에서는 그런 짓을 했다간 의료 사고로 당장 의사 면허를 박탈당하게 될 것이다. 그런데 왜 우리는 서로에게서 보이는 죄와 위선의 패턴에 대해서는 그런 식으로 생각하지 않는가? 우리는 그것을 (영적인) 암 덩어리가 인간의 영혼을 죽이도록 방치하는 '영적 사고'라고 부르지 않는다. 오히려 '착함'으로 포장한다. 하지만 이런 식의 '착함'은 크리스천다운 것과 거리가 한참 멀다.

　'착하게' 보이려는 심리가 그토록 많은 크리스천들이 사람들에게 복음을 전하지 못하는 이유가 된다고 생각한다. 우리는 예수 그리스도의 삶, 죽음, 장사, 부활을 믿는 모든 이에게, 주어지는 은혜, 진리, 아름다움, 영원한 낙원에 관한 복된 소식을 전할 의무가 있다.

우리가 상대방이 복음을 복된 소식으로 받아들이지 않을까 봐 복음을 전하지 않는다면? 상대방의 심기를 건드릴까 봐 두려운 마음에 모른척 한다면? 어떤 경우든 마술사이자 코미디언이었던 무신론자 펜 질렛(Penn Jillette)의 다음 말을 들어보라.

"나는 사람들을 개종시키려고 하지 않는 사람들을 존중하지 않는다. 전혀 존중하지 않는다. 천국과 지옥이 있고 사람들이 영생을 얻지 못하고 지옥에 갈 수 있다고 믿으면서 분위기가 어색해질까 봐 사람들에게 이것을 말해 주지 않는다면 … 영생이 가능하다고 믿으면서도 말해 주지 않으려면 도대체 상대방을 얼마나 미워해야 하는가?"[4]

지독한 무신론자도 하나님과 생명에 관한 진실을 말해 줄 용기가 없는 것을 문제로 여긴다면 우리 크리스천들은 이 문제를 얼마나 더 심각하게 여겨야 할까? 하지만 현실은 전혀 그렇지 않은 것 같다.

겸손한 태도의 쓴소리

타인의 잘못을 지적하는 것을 좋아하는 사람은 없지만 비판, 심지어 겸손한 비판도 '절대' 하지 않는 것이 친구를 가장 사랑하는 길이라는 생각은 착각이다. 사랑한다면 때로는 마음을 독하게 먹고

서 사랑하는 사람에게 겸손한 태도로 쓴소리를 해 줄 수 있어야 한다. 다윗과 바울은 둘 다 신자가 분노해도 죄는 짓지 말아야 한다는 말을 했는데, 나는 그들이 적어도 부분적으로는 이런 뜻에서 그런 말을 한 것이라고 생각한다(시 4:4; 엡 4:26).

죄에 대해 분노하더라도, 상대방에 대한 사랑에서 비롯해야 한다. 의사가 암 환자에게 칼을 댈 때와 같은 심정에서 비롯해야 한다. 의사는 환자를 미워해서가 아니라 오히려 환자를 위하기 때문에 수술한다. 의사는 환자의 건강 회복과 장수를 원하기 때문에 그의 생명을 단축시키는 암을 미워한다. 심지어 암에 대해 분노한다.

이와 비슷하게 우리 마음속에도 남들과 자신의 죄를 향한 적절한 분노를 키워야 한다. 이렇게 남들을 파괴하기 위한 칼이 아니라 치유하기 위한 메스로서 분노를 사용하여 서로의 잘못을 말해야 한다. 그때 우리는 서로를 향한 하나님 사랑의 통로가 된다. 이렇게 사랑과 분노는 짝을 이룰 수 있다. 한쪽 혹은 죄를 지었을 때 서로 구속적인 상호작용이 이루어져야 하는데, 그때 이 두 가지가 다 필요하다(갈 6:1-2).

레베카 맨리 피벗(Rebecca Manley Pippert)의 다음 말을 생각해 보라.

"우리는 하나님이 분노하실 수 있다는 사실에 당혹스러워하는 경향이 있다. … 우리는 남들의 지나친 행위를 관용해 주는 것을 자랑스러워한다. … 하지만 사랑은 사랑하는 대상을 파괴하는 것을 미워한다. 진정한 사랑은 … 파괴하는 기만과 거짓과 죄에 맞선다. … "아들을 더 사랑하는 아버지일수록 아들 속의 주정뱅이, 거짓말쟁이, 배신자를 더 미워한다." 분노는 사랑의 반대가 아니다. 최종적인 형태의 미움은 바로 무관심이다. … 진정으로 선한 사람이 되려면 악에 분노해야 한다."[5]

목사로서 지난 세월 동안 나는 누구나 빠지기 쉬운 죄와 어리석음을 경고하는 강한 어조의 설교를 많이 해야만 했다. "때를 얻든지 못 얻든지" 하나님의 말씀을 선포하고(딤후 4:2) 내 양떼를 교훈하고 책망하고 바르게 하고 의로 교육하기 위해 하나님의 영감으로 된 성경을 사용하는(딤후 3:16-17) 것이 내가 받은 소명이다. 이 소명을 받은 내게 죄를 지적하는 것은 선택의 문제가 아니다.

목사로서, 또한 크리스천으로서 나는 사적인 자리에서도 상대방의 죄를 지적해야 했던 경우가 많았다. 더 심각하고 지속적인 죄의 경우에는 하나님의 이름에 먹칠을 하고 공동체에 해를 끼치고 당사자를 파멸로 이끄는 악한 행위를 공동체 안에서 지적하고 바로잡아야 했다. 험담, 비방, 분열적 행동, 공격성, 성적 타락, 불륜, 재정적으로 부적절한 행위, 탐욕, 자기애 같은 죄를 지적하는 것은 유쾌하지 않아도 꼭 해야만 하는 일이었다. 이 모든 경우 하나님께서는 지적받은 사람을 회개로 이끌어 주셨다.

그런가 하면 상대방이 도리어 내 잘못을 지적할 때도 있었다. 그렇게 나 스스로 회개해야 할 점을 발견하기도 했다. 물론 안타깝게도 서로 냉랭해지거나 아예 관계가 끊어진 경우도 있었다.

때로 하나님은 우리가 충직으로 행한 책망으로 인해 서로를 아프게 하게 하신다. 단, 언제나 검이 아닌 메스로 서로를 찌르게 하신다. 물론 그렇게 해서 관계가 더 악화될 때도 있다. 하지만 하나님의 생각과 길은 언제나 우리의 생각과 길보다 높기 때문에 그분의 역사를 믿어야 한다. 또한 하나님과 함께 서로의 구속적인 이야기에 참여하는 것이 이루 말할 수 없는 특권이라는 사실을 기억해야 한다. 명심하라.

"죄인을 미혹된 길에서 돌아서게 하는 자가 그의 영혼을 사망에서 구원할 것이며 허다한 죄를 덮을 것임이라"(약 5:20).

형편없이 망가진 동시에
은혜로 구속된 존재

나는 이것을 다 알면서도 하나님의 명령을 거부할 때가 많았다. 괜히 진실을 말했다가 찾아올 불편과 불화를 피하기 위해 입을 다물었다. 솔직히 나 자신도 문제가 산더미처럼 쌓여 있는데 남의 잘못을 지적한다는 것이 매우 위선적으로 느껴진다. 내가 뭐라고 예수님과 바울과 야고보가 말한 것처럼 형제에게 가서 잘못을 지적하고 죄를 지은 형제를 회복시킨단 말인가.

우리 교회에 다니는 제프 헤이스(Jeff Jays)라는 교인이 "나는 맥주와 예수님을 사랑한다"라는 제목으로 인생과 신앙에 관한 에세이를 쓴 적이 있다. 그 글에서처럼 우리의 모순된 구석들로 인해서 남의 잘못을 지적할 자격이 없다고 생각하기 쉽다. 헤이스의 솔직한 고백을 들어보라.

> "나는 맥주를 무척 좋아해서 코가 비뚤어지도록 마신다. 아이들에게 소리를 너무 많이 지른다. 아름다운 여성들을 보면 넋이 나갈 때가 많다. 나는 저속하고 퉁명스럽다. 내 유머는 내게만 웃길 때가 많다(그리고 솔직히 남이 웃든 말든 나만 즐거우면 그만이다). 나는 통제 욕구가 지독히 강하고 비난과 비판을 일삼는다. 냉소적이고 심술궂고 짜증을 잘 낸다. … 머리스타일이 괴상하다, 정 떨어진다, 옷이 엉망이다, 입이 거칠다, 나쁜 부모다라며 만나는 사람마다 판단하고 정죄한다. 오늘 아침 공항 안에서 서성일 때 이 외에도 온갖 나쁜 생각이 내 머릿속에 떠다녔다."[6]

헤이스처럼 우리의 눈 속에 위선의 들보가 있다면 어떻게 다른 사람의 눈 속에 있는 티끌을 정확히 보고 빼내 줄 수 있는가?

하지만 이렇게 생각해 보라. 다른 사람의 눈 속에서 티끌을 보고 도와주지 않을 사람이 있을까? 눈 속의 티끌은 짜증스럽고, 가만히 두면 감염, 심지어 실명 같은 심각한 문제를 초래할 수 있다. 각자 눈에 들보를 갖고 살아가는 우리에게 해법은 형제자매의 눈 속에 있는 티끌을 모른 체하는 것이 아니라 그들의 티끌을 분명히 보고 도와줄 수 있도록 자기 눈의 들보를 다루는 것이다(마 7:1-5).

내 눈 속의 들보 때문에 좌절하고 낙심할 때가 많았다. 어느 부활절 전 주, 그 어느 때보다도 나 자신이 싫었다. 자초지종은 이렇다. 아내와 저녁 데이트를 하던 중 어떤 사람의 흉을 보기 시작했다. 내가 말로 그 사람의 인격 살해를 마치자 아내는 나를 빤히 쳐다보며 부드럽게 말했다. "여보, 방금 한 말은 다 해서는 안 되는 말인 줄 알죠?"

아내의 이 부드러운 질책은 나를 개인적인 위기로 몰아갔다. 내 설교를 들어본 사람들은 다 내가 험담을 지독히 혐오하는 줄 안다. 나는 험담을 '입술로 하는 포르노'라고 표현한 적도 있다. 그것은 험담이 음란한 공상과 같은 것을 추구하기 때문이다. 즉 험담은 상대방과 진정으로 연결되려는 노력 없이 그저 상대방을 희생시켜 쾌감을 맛보려는 행동이다. 사람을 왜곡된 감정적 쾌감을 얻고 나서 버리는 물건 정도로 취급하는 행위이다.

아내의 부드러운 꾸짖음에 정신이 번쩍 들었다. 이러고도 어찌

내가 복음과 하나님의 진리를 전하는 목사라고 할 수 있는가. 하나님의 형상을 품은 같은 인간을 그토록 쉽게 저주한 입술로 어떻게 매주 복음을 선포할 수 있단 말인가.

"이것으로 우리가 주 아버지를 찬송하고 또 이것으로 하나님의 형상대로 지음을 받은 사람을 저주하나니 한 입에서 찬송과 저주가 나오는도다 내 형제들아 이것이 마땅하지 아니하니라"(약 3:9-10).

이 일로 충격을 받은 나는 자기혐오에 빠져들었다. 어찌나 괴로웠던지 결국 아내를 조심스레 불러 나를 위선자로 생각하는지 물었다. 아내는 내가 목회에서 아예 손을 떼는 것이 최선이라고 생각할까?

아내는 내가 느끼는 어두운 감정을 매일 직접적으로 보는 사람이었다. 가끔씩 내게 껌을 씹으라고 권하는 이 여성은 내 마음이 어둡다는 점을 서슴없이 지적했다. 하지만 동시에 하나님이 내게 주신 목회의 사명이자 특권을 상기시키고 인정해 주었다. 나는 순전하고 완벽하신 분, 은혜와 진리로 가득한 분, 바로 성령님의 대변인이라는 특권을 가졌다. 그것은 바로 하나님이 간음한 다윗, 살인자 바울, 다툼을 일삼던 베드로에게 주셨던 특권이다. 아내는 내가 '남들에게는' 복음의 양면을 꾸준히 잘 전하고 있다고 말했다. 양면은 이것이다. 우리 모두는 하나님의 자비를 떠나서는 아무런 소망이 없는 구제불능의 죄인들이라는 사실과 하나님이 예수 그리스도의 삶과 죽음, 장사, 부활을 통해 이 구제불능의 상황을 해결해 주셨다는 사실이 양면이다. 우리는 형편없이 망가진 동시에 은혜로 구속을 받은 존재이다.

이어서 아내는 이렇게 말했다. "여보, 당신이 매주 교인들에게 전하는 것처럼 이제는 복음의 두 번째 부분을 '당신 자신에게' 전해야 할 차례에요. 물론 당신은 죄인이에요. 하지만 당신 안의 어두움이 하나님의 은혜를 가릴 수는 없어요."

그 주는 부활주일이었고 나는 교인들에게 지난 한 주가 지독히 어두웠던 이유에 대해 말했다. 그것은 하나님이 부활절에 우리 교회에 들어오는 사람들로 하여금 약한 목사를 만나기를 원하셨기 때문이지 않을까? 목사들이 약한 모습으로 절뚝거리며 설교단에 올랐다가 내려올 때 하나님은 우리 공동체의 삶에 놀라운 역사를 행해 주신다. 하지만 목사들이 위풍당당한 걸음으로 설교단을 올라갔다가 내려올 때, 설교단은 제단이 아닌 동상을 놓는 단이나 화려한 무대가 되어 버릴 때, 우리 공동체가 약해지는 것은 시간문제이다.

앤 라모트는 한 인터뷰에서 모든 사람, 심지어 누구보다 완벽해 보이는 사람들도 망가지고 깨지고 두려움으로 가득하다고 말했다.[7] 이는 하나님의 은혜가 화려해 보이는 높은 곳으로 올라가는 것이 아니라 낮은 곳으로 흘러내린다는 뜻이다. 한 찬송가 가사처럼 예수님이 요구하시는 유일한 자격은 그분의 필요성을 느끼는 것이

다.[8]

팀 켈러가 자주 말하듯이 우리에게 필요한 것은 아무것도 없다. 우리에게 필요한 것은 그저 자신의 필요를 인정하는 것뿐이다. 그 부활절, 이런 말이 다시금 나의 생명줄이 되어 주었다. 당신은 마이크를 잡고 있는 사람이지만 당신이야말로 장내에서 가장 망가진 사람이라고 확신하고 있는가? 그렇다면 성경, 나아가 사랑하는 사람들과 참된 친구들의 목소리를 통해 하나님의 은혜와 자비가 당신을 감싸고 있다는 사실을 기억하고 깊이 새겨야 할 때이다.

베드로처럼 우리 모두는 일구이언을 일삼는 지독한 죄인들이다. 우리는 예수님을 "주님"이라 부르며 목에 칼이 들어와도 배신하지 않겠노라 장담하고서 불과 몇 시간 만에 배신자처럼 그분을 부인하는 자들이다(마 26:30-35, 69-75). 하지만 그런 순간에도 예수님은 베드로를 찾으셨다. 마찬가지로 우리에게 찾아오신다. 오셔서 우리를 향한 사랑을 다시 확인시켜 주실 뿐 아니라 세상을 새롭게 하고 그분의 양떼를 먹이는 일에 우리를 참여시키실 계획도 다시 확인시켜 주신다(요 21:15-19).

한 목사가 스스로 하나님의 종의 자격이 없다고 생각하던 아들에게 쓴 편지를 읽어 보라. 내 부활절 고백 이후에 한 교인이 보내온 편지이다.

"사랑하는 아들아,

번민 중에 있는 너를 위해 매일같이 기도하고 있단다. 아버지는 다음과 같은 생각을 하면서 큰 도움을 받았다. 모세가 말을 더듬고 갑옷이 다윗에게 맞지 않고 마가가 바울에게 거부를 당하고 호세아의 아내가 매춘부였고 아모스가 선지자가 되기 위해 받은 유일한 훈련은 무화과나무 가지치기 기술뿐이었다는 사실을 잊지 말기를 바란다. 예레미야는 의기소침했고 기드온과 도마는 의심을 품었고 요나는 하나님에게서 도망쳤다. 아브라함은 거짓말로 인해 큰 곤혹을 치렀고 그의 자녀와 손자도 같은 실수를 저질렀다. 이들도 실패와 문제와 부족함과 연약함을 안고 살아간 인간들이었다. 하지만 하나님은 그들을 통해 세상을 뒤흔드셨다. 이처럼 하나님은 우리의 힘을 사용하시기보다는 그분의 무적의 권능을 사용하신단다. 하나님이 그분의 이런 속성을 통해 네게 용기를 주시기를 간절히 소망하고 기도한다.

사랑하는 아버지가"[9]

자, 당신이나 내가 무슨 자격으로 남들을 죄의 길에서 끌어내어 온전함의 길로 이끌 수 있는가? 우리의 행실이 완벽해서가 아니다. 그 부분에서 우리는 전혀 자격이 없다. 우리가 그들을 지적할 수 있는 이유는 함께 온전함의 길을 걷는 '같은' 죄인들이기 때문이다. 우리는 우리 안에 시작하신 일을 성실하게 완성하실 하나님의 도우심으로 함께 완벽을 '향해' 가고 있다(빌 1:6). 이렇게 우리는 서로의 적이 아니라 상담자이자 저자인 댄 알렌더(Dan Allender)가 말하는

"친밀한 협력자들"이다.[10]

함께 성장하기를 기대하라

건설적인 지적을 해 줄 뿐 아니라 지적을 받을 줄도 알아야 한다. 비겁함이 그런 지적을 하지 못하게 만든다면 교만은 그런 지적을 받지 못하게 만든다.

혹시 이렇게 질문할 독자들이 있을지도 모른다. "잠깐! 지금 앞뒤가 맞지 않는 것 아닌가? 이전 장에서는 영혼을 더 강하게 해 주는 말로 서로에게 용기를 불어넣으라고 하지 않았는가. 서로를 무시하지 말고 서로 격려하고 세워 주라고 하지 않았는가. 그런데 지금은 서로를 비판하면서 서로를 무시하라는 것처럼 들리니 도대체 어떻게 된 것인가?"

둘 다 필요하다. 서로를 세워 주는 격려의 말과 서로를 죄에서 벗어나 육체적, 정서적, 영적 건강으로 이끌어 주는 훈계의 말은 동전의 양면이다. 둘 다 반드시 필요하다. 함께하는 삶 속에서 우리가 이 둘 중 어느 하나만 선호하거나 다른 하나는 거부하지 않아야 한다. 둘 다 실천하면 우리의 공동체와 관계들이 더 건강해진다. 하지만 함께하는 삶 속에서 격려나 지적 중 하나를 소홀히 하면 건강하지 못하고 왜곡된 상황이 펼쳐진다.

하나님이 신자들에게 원하시는 종류의 관계와 공동체에 관해서 고민할 때 참된 '크리스천' 공동체는 한 가지 주된 목표를 가지고 있다는 사실을 기억해야만 한다. 그것은 자신과 서로를 성화되어 사랑스러운 신부로 예수 그리스도께 드리는 것이다. "자기 앞에 영광스러운 교회로 세우사 티나 주름 잡힌 것이나 이런 것들이 없이 거룩하고 흠이 없게 하려 하심이라"(엡 5:27).

바울이 에베소 교회에 보낸 편지의 이 구절은 먼저 남편과 아내들에게 적용되지만 교회에도 적용된다. 나아가, 예수님을 중심에 모시고 있다고 주장하는 모든 관계와 공동체에도 적용된다.

마틴 루터(Martin Luther)가 강조했듯이 우리는 오직 믿음으로 구원을 받지만, 믿음에서 끝이 아니다. 진정한 믿음에는 언제나 은혜와 덕목 안에서의 성장이 따른다(엡 2:8-10). 예수님은 우리를 있는 모습 그대로 초대하시지만 우리가 그 모습 그대로 '머물기'를 원하시지 않는다는 말이다.

그리스도 안에서의 삶은 안전과 궤적, 이 둘을 모두 포함한다. 안전은 우리의 신실하신 구주 예수님이 어떤 경우에도 우리를 떠나거나 버리지 않고(히 13:5) 누구도 우리 아버지의 강한 사랑의 팔에서 우리를 빼앗을 수 없다는(요 10:28-30) 사실을 아는 데서 비롯한다. 우리의 지난 죄가 아무리 많고 깊어도 우리 아버지의 집에는 언제나 우리의 거처가 있다. 하나님 앞에서 우리는 장애를 가진 어린 므비보셋과 같은 은혜를 누린다. 요나단 덕분에 다윗 왕의 식탁에는 항상 므비보셋의 자리가 있었다(삼하 9:13). 마찬가지로 예수님 덕분에 만왕의 왕의 식탁에는 항상 우리의 자리가 있다.

이런 안전의 배경 속에서 예수님이 우리를 위해 정해 주신 궤적이 있다. 그것은 예수님께 사랑받는 아들이요 딸인 우리가 그분의 참 모습을 보고 그분처럼 될 것이라는 사실이다(요일 3:2). 궁극적으로 그분은 우리의 영원한 유익을 위해 그분과 같은 상태만 받아들이실 것이며, 그런 상태로 가는 여정 속에서 돕도록 우리에게 서로를 주셨다.

도어즈(Doors)의 리드 싱어 짐 모리슨(Jim Morrison)이 한 것으로 알려진 다음 말은 우정에 관한 하나의 시각을 보여 준다.

> "친구들은 서로 도울 수 있다. 진정한 친구는 상대방에게 자신으로 살아갈 완벽한 자유를 주는 사람이다. 특히, 상대방이 무엇을 느끼든 아무것도 느끼지 않든 그냥 두는 것이다. 그 순간 상대방이 무엇을 느끼든 개의치 않는 것이다. 상대방이 자신의 본모습대로 살아가게 놔두는 것, 바로 이것이 진정한 사랑이다."[11]

얼핏 좋은 이야기처럼 들린다. 실제로 서로를 받아주고 사사건건 서로를 지적하지 않는 태도는 좋다. 하지만 이런 태도는 자칫 비극적인 결과를 가져올 수 있다. 실제로 모리슨의 경우가 그러했다. 자멸적인 사생활로 유명했던 그는 스물일곱살의 젊은 나이에 욕조에서 홀로 생을 마감했다. 더 많은 사람들이 용기를 내어 그의 난잡한 성생활, 마약, 계속된 밤샘, 힘든 삶을 사랑으로 지적해 주고, 그가 실제로 용기를 낸 몇 사람의 걱정 어린 말을 귀담아들었다면 그의 삶은 어떻게 되었을지 아무도 모른다.[12]

물론 서로 은혜 없이 지적만 한다면 우리는 상종하기 싫은 종교인이 될 것이다. 서로를 세워 주지 않고 너도 나도 제멋대로 도덕 경찰이 되어서 서로를 무시하고 의심하면 비극이 벌어질 것이다. 하지만 짐 모리슨처럼 서로 어색해지는 것이 싫어서 은혜만 앞세워 진실을 말해 주지 않는다면 서로의 영혼이 파멸로 치닫는 것을 보고만 있는 꼴이 된다.

성령님의 이끄심을 따라 은혜와 진리, 사랑과 율법, "있는 모습 그대로 오라"와 "너를 너무 사랑해서 너를 이대로 놔둘 수 없다"를 적절히 섞는다면 서로에게 진정한 우정과 공동체라는 선물을 줄 수 있다. 나아가, 예수님이 육신으로 우리와 함께하신다면 실천하실 법한 관계법을 서로에게 보여 줄 수 있다.

"좋은 친구는 언제나 앞에서 칼로 찌른다"라는 말이 있다.[13] 예수님의 도를 따르는 자들의 손에 들린 칼은 언제나 상대방을 죽이기 위한 검이 아니라 치유하기 위한 메스이다.

그러므로 앞으로 영적 돌봄이 필요한 친구를 보면 메스를 들어 기도하라. 그리고 앞으로 친구가 메스를 들고 찾아오면 그것이 당신의 생명을 해치려는 검인 것처럼 저항하지 말라.

158

"친구의 아픈 책망은 충직으로 말미암는 것이나 원수의 잦은 입맞춤은 거짓에서 난 것이니라"(잠 27:6).

자녀들에게 검이 아닌 메스만 사용하시는 위대한 의사께서 직접 그렇게 말씀하셨다.

CHPTER 6

서로를 향한 축복이
공동체를 세우고,
소망을 더한다

첫째 딸이 열두 번째 생일에 행복한 결말의 이야기들을 더 이상 믿지 않는다고 선언했다. "이제 저도 열두 살이에요. 그런 이야기는 꼬마들한테나 어울려요."

겨우 열두 살이지만 아이는 '진짜' 이야기는 그렇게 깔끔하게 마무리되지 않는다는 것을 알 만큼 '진짜 세상'을 충분히 경험했다. 진짜 세상에서는 사람들이 싸우고 서로 용서하지 않는다. 전쟁이 벌어지고, 부부가 갈라서고, 학교 폭력이 끊이지 않고, 가난과 압제가 도처에서 나타나고, SNS에서 폭력적인 언사가 오가고, 불안감과 우울증이 흔하고, 불치병이 존재하고, 해일과 허리케인, 흰개미들로 인해 큰 피해가 발생하고, 교회가 분열되고, 모든 사람이 결국 죽는다. "'진짜' 해피엔딩 같은 건 없어요. 동화는 다 '사실'이 아니에요." 아이는 거드름을 피우며 말했다.

우리 집의 열두 살짜리 애늙은이에 따르면 월트 디즈니(Walt Disney)나 픽사(Pixar)에서 만든 만화영화보다 셰익스피어 맥베스(Macbeth)의 관점이 더 옳다. "(인생은) 바보가 지껄이는 이야기이다. 시끄러운 소리만 가득할 뿐 아무 의미도 없다."[1] 야무진 열두 살짜리가 다 알 듯이, 인생은 이리저리 치이다가 죽는 것이다.

물론 우리 딸이 신화와 동화에 환멸을 느낀 최초의 인간은 아니다. 탁월한 이야기꾼이었던 C. S. 루이스는 문학을 향한 열정과 이성적인 사고 사이의 명백한 모순으로 인해 혼란을 겪었다. 그의 감성적인 부분은 해피엔딩 스토리에 끌렸지만 그의 이상적인 부분은 그런 이야기에 코웃음을 쳤다. 그에게 그런 이야기는 일시적인 현실 도피일 뿐, 실제 현실은 전혀 닮지 않았다.

상상과 이성 사이의 이런 갈등은 루이스로 하여금 어릴 적에 접했던 신앙을 버리게 만들었다. 홍해가 갈라지고, 동정녀가 아들을 낳고, 예수님이 물 위를 걷고 죽은 자를 살리신 것 같은 이야기들은 귀에는 즐거웠지만 빛나는 지성에게는 전혀 설득력이 없었다. 그런 이야기는 과학과 이성에 전혀 맞지 않아 거짓처럼 보였다.

그러던 어느 날 밤, 모들린대학(Magdalen College)에서 친구이자 동료 작가인 J. R. R. 톨킨과 대화를 나누면서 루이스의 생각은 근본적인 변화를 겪게 되었다. 톨킨은 어떻게 복음 안에서 상상과 이성이 절묘하게 융화되는지를 설명했다. 영국 전기 작가 콜린 듀리에즈(Colin Duriez)의 묘사를 보자.

"톨킨은 루이스에게 어떻게 복음의 내러티브 안에서 두 측면(상상과 이성)이 융화될 수 있는지를 보여 주었다. 복음서들은 인간의 위대한 이야기들의 모든 특성을 지니고 있다. 동시에 복음서들은 실제 사건을 기록하고 있다. 이야기꾼이신 하나님이 직접 육신으로 이야기 속으로 들어와 비극적인 상황에서 행복한 결말(부활)을 이끌어 내셨다. 갑자기 루이스는 자신이 위대한 신화와 공상적인 이야기를 읽을 때마다 얻은 자양분들이 가장 위대하고 가장 참된 이야기 곧 그리스도의 삶과 죽음과 부활의 이야기에 대한 맛보기였다는 사실을 깨달았다."[2]

그 순간, 해피엔딩을 바라보는 루이스의 시각은 완전히 변했다. 모든 최고의 이야기들이 사실과 거리가 먼 공상적인 현실도피가 아니라 오히려 현실로의 초대로 보이기 시작했다. 이제 상상과 지성이 동전의 양면처럼 융화되었다. 톨킨처럼 루이스에게도 예수님 이야기는 모든 좋은 이야기의 이면에 흐르는 '진정한 이야기'였다. 그 이야기는 세파에 찌들고 머리가 커질 대로 커진 어른들도 모든 것을 아이의 상상력으로 바라보라고 초대하고 있다(마 18:3).

한동안 루이스에게 기독교는 믿기 어려웠다. 그가 극복할 수 없었던 지적인 장애물과 감정적인 장애물로 인해 기독교는 거부할 수밖에 없는 것이었다. 하지만 절친한 친구 톨킨과의 공동체 덕분에 하나님, 진리, 예수 그리스도와 그분의 사역에 관한 자신의 생각을 의심하기 시작했다.

목사이자 철학자인 프랜시스 쉐퍼는 몇 달간 비슷한 신앙의 위기를 겪었고 깨달음을 얻은 후 아내 에디스(Edith)에게 기독교를 믿는 데는 한 가지 이유가 있다고 말했다. 그 이유는 바로 기독교가 사실이라는 점이다.[3]

우리만 의심하는 것이 아니다

성경에 따르면 의심에 빠진 사람은 내 딸과 C. S. 루이스, 프랜시스 쉐퍼만이 아니다. 심지어 예수님과 동고동락하며 그분이 물 위를 걷고, 물을 포도주로 바꾸고, 죽은 사람들을 살리고, 성난 파도 를 잠재우고, 떡과 물고기 조금으로 수천 명을 먹이는 광경을 두 눈 으로 똑똑히 본 제자들도 해피엔딩에 의문을 품었다. 심지어 예수 님이 죽은 자 가운데서 부활하실 것이라고 미리 말씀하셨는데도 실 제로 부활이 일어나자 그들은 의심을 품었다. 그들도 그런 해피엔 딩은 아이들이나 곧이곧대로 믿는 것이라고 생각하지 않았을까?

"예수를 뵈옵고 경배하나 아직도 의심하는 사람들이 있더라"(마 28:17).

"도마는 예수께서 오셨을 때에 함께 있지 아니한지라 다른 제자들이 그에게 이르되 우리가 주를 보았노라 하니 도마가 이르되 내가 그의 손의 못 자국을 보며 내 손가락을 그 못 자국에 넣으며 내 손을 그 옆 구리에 넣어 보지 않고는 믿지 아니하겠노라 하니라"(요 20:24-25).

여기서 도마의 말을 읽노라면 '의심 많은 도마'란 별명으로는 부족해 보인다. '믿지 않는 도마'란 별명이 더 정확해 보인다.

하지만 우리 모두의 마음에도 믿지 않는 도마가 있다. 이런 승 리와 부활에 관한 이야기는 우리의 가슴을 뛰게 하지만, 동시에 우 리의 머리로는 터무니없는 이야기처럼 보인다. 사려 깊은 사람들은 미심쩍은 믿음은 받아들이지 못한다. 그 믿음에 관한 이야기가 아무리 아름답고 감동적이어도 그들은 고개를 내젓는다. 그런 믿음은 거부하기 쉽다.

내면 깊은 곳에서 우리는 단순히 감동적인 믿음 이상의 것을 원한다. 우리는 '확실히 믿을 수 있는' 믿음을 원한다. 우리는 프랜시스 쉐퍼처럼 그리스도에 대한 믿음이 단순히 감동적이고 지적이고 일관된 것이 아니라 '사실'이라고 말할 수 있기를 원한다. 우리가 진심으로 그렇게 말할 수 있으려면 때로 C. S. 루이스의 경우처럼 우리가 무엇을 믿는지만이 아니라 그것을 왜 믿는지를 다시 기억하게 도와줄 사람 혹은 공동체가 필요하다. 믿을 수 없는 믿음이 무슨 소용인가. 믿음 자체가 거짓이라면 '거부할 수 없는' 믿음을 기르려고 애를 써 봐야 무엇하는가.

우리가 현실에 기반한 믿음을 필요로 한다는 사실을 아신 예수님은 부활의 기적에 대한 증거를 제공해 주신다. 예수님은 그분이 살아서 보좌에 앉아 계시며 그분의 해피엔딩 스토리가 단순한 동화가 아니라는 점을 공동체라는 배경 속에서 확인시켜 주신다. 기독교의 믿음은 실제로 시공간 속에서 일어난 실제 사건들을 바탕으로 한 믿음이다. 따라서 이 이야기는 실화인 동화이다.

성경은 이 점을 강조한다. 예를 들어, 누가복음은 이렇게 말한다. "예수께서 친히 그들 가운데 서서 … 그들이 놀라고 무서워하여 … 예수께서 이르시되 어찌하여 두려워하며 어찌하여 마음에 의심이 일어나느냐"(눅 24:36-38).

여기서 예수님은 제자들에게 그분의 부활에 관한 생각을 의심하라고 말씀하신다. 그런 다음 그들이 오감을 통해 부활을 확인하도록 해 주신다. "내 손과 발을 보고 나인 줄 알라 또 나를 만져보라 영은 살과 뼈가 없으되 너희 보는 바와 같이 나는 있느니라 이 말씀을 하시고 손과 발을 보이시나"(눅 24:39-40).

베드로는 예수님과의 이런 만남을 바탕으로 다음과 같이 썼다. "우리 주 예수 그리스도의 능력과 강림하심을 너희에게 알게 한 것이 교묘히 만든 이야기를 따른 것이 아니요 우리는 그의 크신 위엄을 친히 본 자라"(벧후 1:16).

요한도 비슷한 말을 한다. "태초부터 있는 생명의 말씀에 관하여는 우리가 들은 바요 눈으로 본 바요 자세히 보고 우리의 손으로 만진 바라 이 생명이 나타내신 바 된지라 이 영원한 생명을 우리가 보았고 증언하여"(요일 1:1-2).

열두 제자들은 예수님을 100퍼센트 확신했기 때문에 나중에 2명(가룟 유다와 요한)만 빼고 신앙을 위해 순교했다. 리 스트로벨(Lee Strobel)의 설명을 들어보자.

"사람들은 자신의 종교적 신앙이 진짜라고 믿으면 그 신앙을 위해 목숨까지 아끼지 않는다. 하지만 자신의 신앙이 가짜라는 것을 알면 그 신앙을 위해 죽지 않는다. 대부분의 사람들은 자신의 신앙이 사실이라는 믿음만을 가질 수 있지만, 제자들은 예수님이 죽음에서 부활하신 것인지 아닌지를 의심의 여지없이 알 수 있었다. 그들은 그분을 보고 그분과 이야기를 나누고 함께 식사를 했다고 주장했다. 그들이 이것을 절대적으로 확신하지 않았다면 부활이 실제로 일어났다는 주장 때문에 고문을 당해 죽는 것을 감수하지는 않았을 것이다."[4]

다시 말해, 제자들은 자신들이 부활하신 그리스도를 실제로 만난 것인지 분명히 알 수 있는 상황에 있었다. 제자들이 부활이 사실이 아닌 것을 알면서도 공모한 것이라면 그들은 스스로 분명히 아는 거짓말을 위해 끔찍한 죽음을 받아들인 셈이다. 이는 말이 되지 않는다. 그들이 부활하신 그리스도를 실제로 목격했고 그 사실에 목숨을 걸었다고 보는 편이 더 합리적이다.

복음서들은 막달라 마리아도 죽음에서 부활하신 예수님을 본 일에 목숨을 걸었다고 기록한다. 전에 귀신이 들렸던 마리아는 부활의 첫 증인이었다. 그런데 당시는 누구도 마리아와 같은 여성의 증언을 진지하게 받아들이지 않았다. 유대 역사가 요세푸스(Josephus)에 따르면 여성의 증언은 "(여성의) 성의 경솔함과 뻔뻔함 때문에" 법정에서도 인정되지 않았다. 2세기의 기독교 비판자였던 켈수스(Celsus)는 막달라 마리아를 "요술에 … 미혹된 … 히스테리적인 여성"이라고 조롱하고 불신했다.[5]

복음서 기자들이 단순히 예수님의 부활 후 출현에 대한 확실한 증거를 제시하려고 했다면 아무도 믿지 않을 막달라 마리아를 첫 증인으로 내세우지는 않았을 것이다. 복음서 기자들이 설득력을 얻기힘든 사람을 첫 증인으로 언급한 유일한 이유는 그것이 사실이기 때문이라고밖에 볼 수 없다. 그리고 이것이 얼마나 놀랍고 아름다운가. 그때처럼 지금도 예수님은 사회가 비웃고 조롱하는 이들의 존엄성을 회복시켜 주신다.

예수님의 부활이 사실이 아니라면 설명할 수 없는 또 다른 흥미로운 사건은 바로 다소의 사울 회심 사건이다. 최고의 교육을 받고 큰 영향을 지녔던 기독교의 무시무시한 적 사울은 다메섹으로 가던 길에서 예수님께 제지를 당하고 눈이 멀었다. 그때부터 그는 예수 그리스도와 그분의 부활을 전하는 사도 바울(고전 15:12-19)이요 한때 자신이 죽이려고 했던 이들의 영적 아버지가 되었다(행 9:1-19). 예수님의 주장들이 사실임을 더없이 분명히 경험하지 않고서는 도저히 그런 변화가 나타날 수 없다.

무지한 이들을 위한 부활

사려 깊은 사람이라면 이렇게 반박할 수 있다. "기껏해야 성경으로 성경을 옹호한 것에 불과하다. 이건 설득력 없는 순환논법(circular reasoning)일 뿐이다. 부활을 믿을 수 있으려면 성경 '외의' 다른 뭔가가 필요하다."

합당한 지적이라고 생각한다. 사실, 나는 복음이 사실이고 하나님이 존재하시고 예수님이 죽음에서 부활하셨다는 점을 '증명하는' '논리 싸움'에서 무신론자들을 압도적으로 이기는 것이 가능하다고 생각하지 않는다. 내가 하나님의 존재를 믿는 것만큼이나 하나님의 비존재를 절대적으로 확신하는 무신론자 석학들이 많다. 스티븐 호킹(Stephen Hawking), 아인 랜드(Ayn Rand), 크리스토퍼 히친스(Christopher Hitchens), 샘 해리스(Sam Harris), 제니퍼 마이클 헥트(Jennifer Michael Hecht), 폴 쿠르츠(Paul Kurtz), 피터 앳킨스(Peter Atkins), 패트리샤 처치랜드(Patricia Churchland) 같은 지식층 무신론자들이 떠오른다.

하지만 역사 속에는 하나님과 동정녀 탄생과 부활을 믿지 않는 뛰어난 사상가들만큼이나 도마, 사도 바울, C. S. 루이스, 프랜시스 쉐퍼처럼 결국 하나님이 존재하시고 예수 그리스도가 죽었다고 부활하셨고 언젠가 성경에서 말하는(계 21:1-8) 새 하늘과 새 땅을 열기 위해 돌아오실 것이라는 결론에 이른 사상가와 저자, 학자들이 가득하다.

세속적인 학문 영역에서만이 아니라 신성하고 영적인 영역에서도 우리의 뇌가 작용할 수 있고 작용해야 한다. 똑똑한 사람들 중에는 학식이 깊은 무신론자와 불가지론자만이 아니라 학식이 깊은 크리스천들도 많다. 거부할 수 없는 믿음을 소유하면 사고를 덜 하는 것이 아니라 오히려 더 하게 된다. 이 점을 증명해 보이기 위해 몇 가지 사실을 더 언급하고 싶다.

첫째, 이미 이전 장에서 언급했듯이 하나만 빼고 모든 아이비 리그 대학들이 기독교 목사나 평신도가 설립했다. 이는 결코 작은 일이 아니다.

둘째, 옥스퍼드 교수였던 C. S. 루이스가 무신론자였다 회심한 뒤 다음과 같은 말했다는 사실도 역시 결코 작은 일이 아니다.

> "기독교의 핵심은 사실이기도 한 신화이다. 죽는 신에 관한 옛 신화가 여전히 신화이면서도 전설과 상상의 하늘에서 역사의 땅으로 내려온다."[6]

셋째, 하버드 법대의 설립자 시몬 그린리프(Simon Greenleaf) 박사도 예수 그리스도의 역사적이고 육체적인 부활을 믿게 되었다. 그린리프가 쓴 *Treatise on the Law of Evidence*(증거법에 관한 논문)은 지금까지도 많은 법학자들에게 역사적 주장의 진위를 증명하기 위한 경험적 증거 사용에 관한 최고의 책으로 평가받고 있다. 한때 기독교에 대해 반대자였던 그린리프는 학생들 앞에서 '부활 신화'를 조롱하곤 했다. 자신의 강력한 분석 기술로 주장을 증명해 보라는 도발에 그는 도전을 받아들였다. 하지만 연구 결과 그는 그리스도의 부활에 관한 증거들을 어떤 식으로 교차 조사하든 "그들의 정직,

능력, 진실에 대한 의심할 여지없는 확신"에 이를 수밖에 없다는 결론을 내렸다.[7]

넷째, *Vampire Chronicles*(뱀파이어 연대기)를 쓴 지적이고 유명한 무신론자 작가 앤 라이스는 기독교로 회심한 일에 관해서 이렇게 썼다.

> "내 안에서 무신론의 세상이 무너져 내렸다. … 하나님의 비존재에 관한 내 믿음이 사라지고 있었다."[8]

다섯째, 파스칼, 코페르니쿠스, 갈릴레오, 뉴턴 같은 세계적인 과학자들이 부활을 참된 것으로 받아들이게 되었다. 여기에 게놈 프로젝트를 진두지휘한 프랜시스 콜린스(Francis Collins) 같은 사상가들을 더할 수 있다. 내가 섬기는 교회에도 많은 과학자와 저명한 의료 전문가들이 즐비하다. 이들은 자신의 신앙과 과학적 지식이 서로 모순되거나 배타적이기는커녕 완벽히 양립한다고 말한다. 그들은 더없이 잘 발달된 지적 근육을 움직이며 자신의 신앙이 과학을 뒷받침하고 활성화시킨다고 말할 것이다. 과학은 만물을 창조하고 지탱하시는 하나님에 대한 경외의 자리로 그들을 이끌었다.

무엇보다도 이 과학자들 중 누구도 기적이 불가능하며, 부활 이야기는 허구라는 세상의 주장을 받아들이지 않는다. 그들의 논리는 아주 간단하다. 드넓은 우주를 창조할 만큼 강한 하나님이 계시다면 그분은 창조하신 자연의 법을 얼마든지 거스르실 수 있다. 그분은 자신의 능력을 드러내고, 우리가 우주에서 혼자가 아니라는 확신을 주면, 우리의 삶에 무한한 의미가 있다는 사실을 증명해 보이기 위해 이런 기적을 행하신다.

이 외에도 사도행전에서 예수님의 부활에 관한 "많은 증거"(행 1:3)라고 말하는 것들을 보면, 부활을 믿는 것보다 믿지 '않기' 위해서 더 많은 믿음이 필요해 보인다.[9] 내 경험으로 볼 때 사람들은 지적인 이유보다 감정적인 이유로 그리스도의 주장을 거부할 때가 많다.

최근 예수님과 그분의 부활에 관한 이야기를 여러 번 들은 적이 있는 한 남성과 이야기를 나누었다. 하지만 이 남성은 기독교에 무관심을 넘어 적대적인 것처럼 보였다. 나는 그가 복음의 메시지에 단순히 반대하는 것이 아니라 그 메시지를 공격하고 있다는 점을 지적하며 그 이유를 물었다.

그는 잠시 침묵에 잠겼다가 이렇게 대답했다. "좋습니다. 솔직히 말씀드리지요. 제가 기독교를 싫어하는 진짜 이유를 밝히겠습니다. 사실, 증거가 믿기지 않는 것은 전혀 아닙니다. 오히려 그 반대입니다. 그렇다 해도 여전히 크리스천이 되고 싶지는 않습니다. 크리스천이 되면 예수님이 내게 깊은 상처를 준 아버지를 용서하라고 하실 테니까요."

이렇게 실제로는 기독교 신앙의 이성적인 측면에서 별 다른 문제점을 찾지 못했으면서도 이성적인 논리를 연막으로 사용하는 사람들을 많이 보았다. 표면 아래에는 언제나 기독교 제자 훈련에 대한 반감이 있었다. 그들에게는 삶의 모든 면에서 그리스도를 따라 좁은 길로 가야 한다는 것이 큰 부담이었다. 아버지에게 큰 상처를 받은 그 남자의 경우, 깊은 원망을 하나님 앞에 내려놓고 싶지 않은 것이 진짜 걸림돌이었다. 그에게는 "주께서 너희를 용서하신 것 같이 너희도 그리하고"(골 3:13)라는 그리스도의 명령이 도저히 따를 수 없는 것처럼 느껴졌다. 돈에 대한 탐욕, 왜곡된 성욕, 편견, 중독, 분열적이고 당파적인 태도, 자기의를 버리는 것이 견딜 수 없이 부담스러운 이들도 있다.

예수 그리스도의 부활과 절대적인 주되심은 하나이다. 예수님이 죽음에서 부활하셨다면 그것은 예수님이 하신 '모든' 말씀을 받아들여야 한다는 뜻이다. 우리가 그분을 떠나서 아무런 소망이 없는 죄인이며 우리의 삶이 전적으로 그분께 속했다는 말씀도 예외가 아니다. "그리스도가 부활하셨다!"라는 사실은 그분이 우리 삶의 주인이시라는 뜻이다. 그분은 우리의 대장이시다. 우리에 관한 모든 권리는 전적으로 그분께 있다. 그분은 우리의 주인이시다.

부활이 사실이라면?

다음 논리적인 질문은 이것이다. "설령 부활이 사실이라고 해도 그것이 왜 중요한가?" 그것이 현재의 삶과 무슨 상관인가? 이 질문에 대한 답은 우리에게 궁극적으로 가장 필요한 것이 무엇인지 생각하느냐에 따라 달라진다.

성경에 따르면 인간에게는 자신이 용서받았다는 사실을 아는 일이 가장 필요하다. 인간 번영의 가장 큰 걸림돌 중 하나는 우리가 품고 있는 수치심이다. 수치심과 후회에서 비롯한 자기혐오는 우리를 감정적인 마비 상태에 머물게 한다. 사실, 수치와 후회는 온갖 감정적 문제의 근본 원인이다.

자신이 용서받았다는 사실을 영혼 깊이 믿는 사람이 점점 많아지는 세상을 상상해 보라. 예수님 안에서 하나님이 과거와 현재와 미래의 모든 죄를 용서해 주셨다는 사실은 실로 복된 소식이다. 부활 이야기는 무엇보다도 생명을 주고 변화를 일으키는 이 진리를 우리에게 확증해 준다.

그리스도 안에서 용서받았다는 사실은 크리스천 공동체의 중심이자 기초 역할을 한다. 이것은 '진정한' 크리스천 공동체를 그 어떤 종류의 공동체보다 더 거부할 수 없게 만드는 핵심 요인 중 하나이다. '진정한' 크리스천 공동체는 우리 모두가 연약하고 망가진 죄인이어서 오직 신실하신 구주 예수 그리스도를 통해서만 소망이 있다는 진리에서 출발한다.[10] 이런 종류의 공동체를 거부할 수 없는 이유는 그 구성원들이 그리스도의 성품을 입기 시작하면서 사람들을 받아줄 때 성공했는지, 점잖은지, 삶의 외향이 멀쩡한지 등을 '일체' 따지지 않기 때문이다. 부활하신 그리스도의 공동체에 들어오기 위한 유일한 조건은 자신이 죄인이고, 자신이 그리스도 안에서 완전한 사랑과 용서를 받는다는 사실을 깨닫고 인정하는 것뿐이다. 우리가 이 점을 이해할 때 공동체 안에서의 상호작용도 이 사실을 바탕으로 이루어진다. 서로의 흠과 약점, 죄를 꼬집으며 거부하고 밀어내고 외면하지 않고, 하나님이 그리스도 안에서 우리를 용서하신 것처럼 용서하게 된다(엡 4:32). 서로의 차이를 거부하고 외면할 이유로 보지 않고 차이를 넘어 서로에게 다가가 그리스도의 사랑으로 서로를 사랑하게 된다. 그리스도가 모든 지친 자에게 와서 쉼을 찾으라고 초대하시기 때문이다(마 11:28-30).

막달라 마리아를 생각해 보라. 예수님이 부활의 첫 증인으로 귀신 들린 전적이 있는 이 여인을 선택하신 것은 전혀 실수가 아니었다. 이것은 상처와 죄로 얼룩진 과거를 넘어 마리아에게 소망을 주실 뿐 아니라 그녀의 이야기를 통해 그녀처럼 속할 곳을 절실히 찾는 모든 이에게 소망을 주시기 위한 의도적이고 전략적인 행동이었다.

언제나 우리를 귀신에게서 그분의 생명을 주는 품으로 건지길 원하시는 예수님은 채찍을 들고 우리에게 다가오시지 않는다. 예수님은 언제나 부활 사랑의 능력으로 우리를 추구하신다.

빈 무덤에서 막달라 마리아와 천사의 만남에 관해서 읽어 봤다면 둘 사이의 대화에서 예수님이 언급된 부분을 기억할지도 모르겠다. 마가복음을 보면 천사는 마리아를 비롯해서 현장에 있던 여성들에게 이렇게 말했다.

"가서 그의 제자들과 베드로에게 이르기를 예수께서 너희보다 먼저 갈릴리로 가시나니 전에 너희에게 말씀하신 대로 너희가 거기서 뵈오리라 하라"(막 16:7).

여기서 두 단어 "과 베드로"는 역사상 가장 소망 가득한 두 단어라고 할 만하다. 예수님이 십자가의 죽음을 향해 가실 때 '베드로'는 누구보다도 심하게 무너졌다. 그는 예수님을 뻔뻔하게 부인했다. 한 번도, 심지어 두 번도 아닌 세 번이나 예수님을 대놓고 부인했다. 예수님을 모른다고 아예 맹세까지 했다. 모두가 주님을 배신해도 자신만큼은 끝까지 곁을 지키겠다고 호언장담했던 베드로였지만 예수님이 예언하신 그대로, 새벽닭이 울기 전에 그는 주님을 세 번이나 부인했다(눅 22:54-62).

이렇게 지독한 배신자인 만큼 예수님은 베드로에게 가혹하게 반응하실 수도 있었다. 누구든지 사람들 앞에서 자신을 부인하면 그분도 하늘 아버지 앞에서 그를 부인할 것이라는 과거의 발언을 소환하며 베드로를 노려보실 수도 있었다(마 10:33). 하지만 오히려 예수님은 베드로에게 변함없는 사랑을 확인시켜 주기 위해, 모든 죄를 이미 용서했으니 괜찮고 안심시키기 위해, 귀신 들린 적이 있는 여인을 그에게 보내셨다. 예수님은 죽음과 부활을 통해 완성하신 용서와 은혜를 우리 모두에게 제시하신다. 그 용서와 은혜가 미칠 수 없는 사람은 세상에 없다.

당신을 위한 방이 준비돼 있다

성경에서 우리에게 가장 큰 위로를 주는 것들 중 중 하나는 하나님이 상관없이 사랑해 주신 망가진 성경 인물들이다. '귀신 들렸다가 용서를 받은 자'와 '용서받은 비겁자'의 이야기는 부활 당시 막달라 마리아와 베드로에게서 시작되지 않는다. 그 이야기는 최초의 인간이자 부모였던 아담과 하와가 금단의 열매를 먹은 태초로 거슬러 올라간다. 그로 인해 세상이 저주를 받았다. 모든 사람과 모든 장소, 모든 것이 갑자기 망가지고 무너졌다. 창조주에게서 독립하려는 그들과 우리의 어리석은 선택으로 인해 인간의 기도와 예배, 결혼과 양육, 관계와 일까지 영적으로 사회적으로 문화적으로 모든 것이 파멸할 수밖에 없게 되었다.

하지만 감사하게도 그 가운데서 저주를 뒤엎을 하나님의 은혜가 나타났다. 여인의 씨앗(예수님)이 언젠가 뱀(사탄)의 머리에 치명타를 입히고 세상이 다시 회복될 것이다(창 3:15). 부활과 영생! "되돌려진 죽음(Death in reverse)."[11] 예수님이 부활의 생명으로 온 우주를 품어 주시는 덕분에 고통, 슬픔, 후회, 저주, 탄식의 세상은 가고 만물이 새로워질 것이다(롬 8:15-25; 계 21:1-7).

아담과 하와 이후에도 망가진 인간들이 꼬리에 꼬리를 물었다. 노아는 만취했다(창 9:21). 아브라함은 자신의 목숨을 부지하고자 '두 번이나' 아내를 남에게 넘겼다(창 12:10-20; 20:1-18). 야곱은 '속이는 자'를 의미하는 이름에 걸맞게 거짓말을 일삼았다(창 25:26). 다윗은 간음과 살인을 저질렀다(삼하 11). 솔로몬은 여성 편력과 우상숭배의 죄를 저질렀다(왕상 11:1-10). 다소의 사울은 무시무시한 폭력성을 지닌 깡패요 죄인들 중 괴수였다(딤전 1:12-17).

하나님은 바로 이런 공동체로 우리를 부르신다. 술주정뱅이, 나쁜 남편, 거짓말쟁이, 살인자, 바람둥이, 우상숭배자, 깡패들이 대거 포함된 공동체 말이다. 이 사실을 알고 나니 기분이 어떤가? 나는 위로가 된다. 희망이 생긴다. 심지어 이런 공동체에 거부할 수 없이 끌리기까지 한다. 생각해 보라. 하나님의 집에 이런 자들을 위한 방이 있다면 나 같은 자를 위한 방도 있을 테니까 말이다.

교회 역사 속에도 망가진 성경 인물들과 비슷한 이야기가 가득하다. 성도와 죄인, 사랑과 미움, 선과 악을 동시에 보여 준 흠 많은 크리스천들이 줄을 잇는다. 목사이자 작가인 앤드류 윌슨(Andrew Wilson)의 말을 들어보자.

"여러 모로 기독교의 이야기는 빛으로 가득하다. 선교, 교육, 예술,

의료, 노예제도 폐지, 구제, 정의 … 하지만 명백히 어두운 측면도 있다. 공격하고, 불태우고, 십자가 전쟁을 벌이고, 익사시키고, 노예로 삼고, 채찍질하고, 빈민가로 강제로 몰아넣고, 사냥하고, 투옥시키고, 유태인을 혐오하고, 죽이고, 폭력을 가하는 등 악행이 끝이 없다. 이 과거가 역겨운 것은 우리가 아는 한 관련된 사람들이 하나님을 사랑하고 예수님을 따르고 성령님을 받았다는 사실이다."[12]

여기에 한 사람을 말뚝에 묶어 화형시키는 일에 동참했던 존 칼빈, 인종 차별적인 발언을 했던 마르틴 루터, 노예를 소유했던 조지 휫필드(Geroge Whitefield), 가정을 소홀히 했던 존 웨슬리(John Wesley) 등도 더할 수 있다.

이런 '경악스러운 역사'는 기독교를 완전히 버릴 또 다른 이유를 제공한다. 과거나 현재나 일부 크리스천들의 끔찍한 행위는 기독교 운동 전체를 의심하게 만들기에 충분하다. 오죽하면 "기독교의 유일하게 합당한 반대 증거는 바로 크리스천들이다"라는 말까지 있을까?

하지만 정말로 그런가? 일부 크리스천들의 어리석은 행동이 그리스도를 고려하지 않을 충분한 이유가 되는가? 비록 많은 크리스천들의 실패가 눈살을 찌푸리게 만들지만 그것이 빈 무덤을 없던 일로 만들 수 있는가? 술 취한 사람이 파티에서 모차르트의 음악을 형편없이 연주한다고 해서 모차르트도 형편없다고 말해야 하는가?

크리스천들이 지켜보는 세상 앞에서 그리스도를 잘 보여 주어야 하는 것이 중요하지만, 크리스천들이 그렇게 하지 못하는 것이 그리스도를 거부할 충분한 이유가 되지 못한다. 그리스도를 믿으면서도 그리스도의 '제자'로서 실패를 여러 번이나 경험했던 톨스토이는 한 회의적인 친구에게 다음과 같은 글을 썼다.

"'당신은 설교는 아주 잘하지만 과연 설교한 대로 행하고 있소?' 이것은 너무도 당연한 질문이고, 실제로 내가 늘 받는 질문이다. 그리고 대개 사람들은 내 입을 다물게 만들 수 있다는 듯 의기양양하게 이 질문을 던진다. 그러면 나는 내가 설교하는 것이 아니고, 설교하고 싶어도 설교할 수 없다고 대답한다. 다만 내 행동을 통해서 설교할 수는 있고, 내 행동은 혐오스럽다. 나는 악하고 혐오스럽다. 그것들을 실천하지 못해서 경멸을 받을 만하다. 내가 (기독교의 가르침을) 실천하지 못한 것은 그러고 싶지 않아서가 아니라 그럴 능력이 없어서다. 나를 에워싼 시험의 그물망을 벗어날 방법을 가르쳐 달라. 내가 따르는 길, 또 누구든 묻는 사람들에게 알려 주는 길이 아니라 '나'를 공격하라. 내가 집으로 돌아가는 길을 알고 술에 취해 그 길로 가고 있다면 내가 비틀거리며 걷는다고 해서 그 길이 조금이라도 덜 옳은 길이 되는 것인가? 이 길이 옳은 길이 아니라면 내게 다른 길을 보여 달라."[13]

결국, 가장 큰 스캔들은 부활이 아닐지도 모른다. 진정한 스캔들은 하나님의 가족 안에 막달라 마리아 같은 귀신 들렸던 여인들, 베드로와 같은 비겁한 배신자들, 러시아 소설가처럼 예수님의 길을 "술에 취해" 걷는 이들을 위한 자리가 있다는 사실이지 않을까? 기독교의 진정한 스캔들은 크리스천들 자체이지 않을까?

미래가 아닌 과거로 옮겨진 심판

하지만 크리스천들의 실패야말로 오히려 기독교를 '위한' 최고의 증거일 수 있다. 크리스천들의 실패야말로 전 세계 수십억 영혼들이 기독교를 '거부할 수 없게' 만드는 요인이다. 부활 이야기는 새로운 세상의 시작을 선포한다. 하나님의 사람들이 그분의 길을 얼마나 잘 따르느냐가 아니라 하나님이 그들의 실패와 부족함을 얼마나 온전히 용서해 주시느냐에 따라 새로운 공동체가 형성되는 세상이다.

예수님이 용서와 변함없는 사랑, 영원한 생명의 확신을 들고 막달라 마리아와 베드로 같은 자들에게 '먼저' 찾아가신 이야기들은 망가진 자들을 향한 그분의 애틋한 마음을 분명히 보여 준다. 이런 이야기는 천국의 맛보기요 다가올 세상의 징조이자 그림자이다. 이런 이야기는 예수님이 나쁜 사람들을 좋게 만들거나 좋은 사람들을 더 좋게 만들기 위해서가 아니라 죽은 사람들을 살리기 위해 오셨다

는 사실을 일깨워 주는 이야기이기도 하다.[14]

내 친구 레이 오틀런드(Ray Ortlund)는 부활 이야기에서 자신의
자리에 관한 말을 자주 한다. "나는 완전히 천치이다. 그래서 내 미
래는 밝고 누구나 이런 미래에 참여할 수 있다." 이 말은 그가 담임
하는 테네시 주 내슈빌 임마누엘교회(Immanuel Church)에서 '임마누
엘 주문'으로 불린다.

실제로 우리 크리스천들은 천치일 수 있다. 생명을 주는 하나
님의 길을 제대로 추구하지도 이해하지도 따르지도 못한다. 하지만
오틀런드의 주문이 개인으로서만이 아니라 하나님의 백성으로서
우리의 미래에 관해서 무엇을 말해 주는가? 나아가, 모든 족속과 백
성과 방언에서 그리스도 안으로 모인 백성으로서(계 7:9) 우리의 이
런 미래가 이 땅에서 하나같이 흠과 슬픔, 죄를 안고 살아가는 서로
를 어떻게 대하게 만드는가?

무엇보다도 부활은 하나님이 우리의 심판 날을 미래에서 과거
로 옮기셨다는 확증이다. 따라서 그리스도 안에 있는 우리는 서로
를 판단하고 심판하려는 태도를 버리고 대신 서로 사랑하는 일을 시
작해야 한다. 지금부터 영원까지 우리는 스캇 맥나이트가 말하는
"서로 다른 자들의 공동체"로서 살아가야 한다. 이 정신은 맥나이트
가 사역하는 교회의 아름다운 목적 선언문에 잘 반영되어 있다.

"함께 사는 삶 속에서 우리는 다양성을 축하할 것이다. 죄인과 성도,

의심하는 이와 믿는 이, 구도자와 회의론자, 탕자와 바리새인, 장로교인과 비장로교인, 젊은이와 노인, 기혼자와 미혼자, 리더와 추종자, 유명한 사람과 악명 높은 사람, 우리와 같은 인종과 다른 인종, 행복한 사람과 낙심한 사람, 돕는 사람과 도움을 필요로 하는 사람, 창의적인 사람과 집단주의적인 사람, 보수적인 사람과 진보적인 사람, 미국인과 외국인, 부유한 사람과 파산한 사람, 공립학교에 다니는 사람과 사립학교에 다니는 사람과 홈스쿨링을 하는 사람 외에 우리 문으로 들어오는 모든 사람에게 우리의 삶과 마음과 집을 열 것이다. 우리는 서로의 독특한 경험과 시각을 유심히 듣고 그것에서 배우고 그것을 받아들이면서 '우리'[15]를 계속 확장하기를 원한다.")[16]

그리스도의 제자들은 '반드시' 공동체를 이런 식으로 생각해야 한다. 부활하신 예수님은 자기 족속만이 아니라 열방에 복음을 전하고 성부와 성자와 성령님의 이름으로 모든 민족에서 세례를 베풀라고 제자들을 파송하셨기 때문이다. 우리는 하나님의 가족으로 타인을 기꺼이 환영하고 받아들여야 한다. 예수님은 우리의 현재나 과거를 따지지 않고 모든 죄인을 해피엔딩 스토리로 초대하고 환영해 주신다.

내가 목사로 섬기던 교회에서 어느 주일에 앤(Ann)이란 여성이 처음 방문했다. 세상풍파에 지친 사람이라는 것을 한눈에 알아볼 수 있었다. 앤은 안내위원들에게 자신이 헤로인 중독 치료를 받는 중이라고 말했다. 팔에 가득한 바늘 자국과 상처가 그 말을 증명해주고 있었다. 헤로인을 끊은 지 이제 겨우 한 달쯤 되었다고 했다. 재활센터에 있는 사람들이 종교 활동이 재발 가능성을 낮춰 줄 수 있으니 그녀의 삶에 '종교를 더하라고' 권했다고 했다.

앤은 예배당으로 가는 길에 두 아들을 탁아방에 맡겼다. 예배가 끝나고 앤이 아이들을 되찾기 위해 줄을 서 있는데 제인(Jane)이란 여자 성도가 앤에게 나쁜 소식을 전했다. 예배 중에 앤의 두 아들이 다른 아이들에게 싸움을 걸고 장난감 여러 개를 망가뜨렸다는 것이었다. 제인은 앤에게 조심스럽게 말했다. "이런 말씀을 드려서 죄송합니다. 그래도 아이들의 엄마니까 아셔야 할 것 같아서요."

그러자 갑자기 앤이 백여 명에 달하는 아이들과 학부모 앞에서 고래고래 욕을 하기 시작했다. 그 다음 상황을 전해들은 나는 안타까움에 깊은 한숨을 내쉬었다. 먼저, 침묵이 흘렀다. 그러고 나서 창피함에 앤의 얼굴이 새빨개졌다. 마지막으로, 그녀는 수치심과 후회, 그리고 실패라는 익숙한 감정을 안고 비틀거리며 교회를 빠져나갔다.

우리 교회가 이 소동에서 회복되는 것은 어렵지 않아 보였다. 하지만 과연 '앤'은 회복될 수 있을까? 앤이 교회 문 밖으로 가져간 수치심은 어떻게 할 것인가? 교회에 와서 어린 자녀들이 보는 앞에서 장내가 떠나갈 듯 욕설을 내뱉으며 마약쟁이의 행태를 적나라하게 보여 주었다는 사실에서 비롯한 수치심에서 나올 수 있을까? 앤이 그 독한 감정에서 회복될 수 있을까?

다행히 제인이 나섰다. 부활하신 예수님의 천사가 귀신 들린 전적이 있는 막달라 마리아와 비겁한 배신의 전적이 있는 베드로를 격려했던 것처럼 그녀가 앤을 격려하기 위해 움직였다. 천사가 아니라 이번에는 탁아방 교사 제인의 입을 통해 전해진, 생명을 주고 수치를 회복시키고 공동체를 형성시키는 말을 통해 그 옛날 2천 년 전의 부활 이야기가 다시 펼쳐지게 되었다. 우리 시대에도 죽은 사람들과 그들의 죽은 상황이 되살아나는 부활의 기적을 통해 우리의 믿음이 단순히 '사실'인 것이 아니라 '실질적인' 결과를 만들어 낸다는 것을 세상이 알게 될 수 있을까? 그때 세상이 우리의 믿음이 거부할 수 없게 될 수 있지 않을까?

제인은 앤에게 다음과 같은 내용의 편지를 보냈다.

"앤 씨에게,

기억하시나요? 교회에서 탁아방 교사로 섬기고 있는 제인입니다.

먼저 교회에는 아무런 문제가 없다는 것을 알려 드립니다. 아무도 다치지 않았어요! 망가진 장남감이요? 그것 말고도 장난감이 천지에요. 하지만 무엇보다도 당신에게 감사하다는 말을 전하고 싶어서 이 편지를 썼어요. 지난 주일에 솔직한 모습을 보여 주셔서 감사해요. 그것이 제게는 큰 충격이었어요. 저는 속으로는 힘들면서도 마음을 늘 감추며 살아왔거든요. 솔직하신 모습이 정말 좋았어요. 그 모습을 보며 많은 생각을 했어요. 모두가 솔직한 교회보다 더 좋은 교회가 있을까요? 덕분에 예수님이 우리에게 있는 모습 그대로 와서 혼자가 아니라 함께 살아가라고 초대하셨다는 사실이 다시 기억났어요.

꼭 다시 보고 싶어요. 무엇보다도 이번에는 우리가 친구가 될 수 있기를 기대해 봅니다."

-제인 드림

돌아오는 주일, 앤이 다시 찾아왔다. 지난주에는 비틀거리며 교회 문을 나섰던 그녀가 힘찬 걸음으로 돌아왔다. 마치 그 걸음이 "이들은 내 사람들이야, 그들의 하나님을 내 하나님으로 삼고 싶어"라고 말하는 듯했다.

그리고 실제로 우리는 그녀의 사람들이 되었다. 부활하신 하나님이 그녀의 하나님이 되어 주셨다. 그녀의 신앙은 나날이 쑥쑥 자라갔다. 그녀는 늘 입가에 미소를 지으며 자신이 그리스도 안에서 궁극적인 완성을 향해 가고 있는 아름다운 미완성품이라고 고백했다. 그녀의 성장과 변화는 우리 공동체의 모든 이들에게 선한 영향을 끼쳤다.

탁아방에서 큰소리로 욕을 하고 나간 지 2년 만에 앤은 교회 탁아방 책임자가 되었다. 어떤가? 해피엔딩이지 않은가? 그렇기도 하고 아니기도 하다.

몇 년 뒤 우리는 그 교회의 현재 담임목사에게서 전화 한 통을 받았다. 통화 내용은 짧고도 무거웠다. 몇 년간 온전한 정신으로 잘 지내던 앤이 다시 헤로인에 손을 대었고 결국 헤로인 과다 투여로 목숨을 잃었다는 것이었다.

앤의 이야기는 부활을 믿는 것이 단순히 지적인 활동이 아님을 일깨워 준다. 부활이 없다면 앤은 물론이고 우리에게 아무런 소망이 없다. 그리스도가 살아나신 것이 아니라면 우리는 세상에서 가장 불쌍한 사람들이다(고전 15:19). 그리스도가 부활하신 것이 아니라면 우리는 여전히 죄 가운데 있다. 하지만 그리스도는 분명 살아나셨다. 앤에게 이 사실은 비록 그녀가 파멸적인 중독 가운데서 잠이 들었지만 완벽히 온전한 정신으로 예수님의 품 안에서 눈을 떴다는 것을 의미한다. 앤은 부활하신 조물주의 영원하신 품에 온몸을 던지며 안전함을 느꼈을 것이다. 그녀가 예수님을 믿은 순간, 그녀의 심판 날은 미래에서 과거로 옮겨졌다. 가장 비참하고 수치스럽고 자기혐오적인 순간에도 그녀는 온전한 사랑을 받고 있었다. 예수님은 나쁜 사람들을 좋게 만들거나 좋은 사람들을 더 좋게 만들기 위해서가 아니라 죽은 사람들을 살리기 위해 오셨다.

모든 장이 이전 장보다 나은 이야기

막달라 마리아와 베드로와 앤을 비롯해서 부활하신 예수님을 믿는 모든 이들에게 남은 것은 더 이상 죽음이나 애통, 곡, 고통이 없는 미래이다(계 21:1-4). 그 세상에서 우리는 예수님의 참 모습을 그대로 보기 때문에 그분처럼 될 것이다(요일 3:2).

C. S. 루이스는 모든 좋은 이야기의 이면에 있는 위대한 이야기 속에서 예수님을 발견한 뒤에 《나니아 연대기》(Chronicles of Narnia)를 써 냈다. 이 시리즈의 마지막 책은 다가올 세상을 아름답고도 매력적으로 그리고 있다. 루이스는 우리가 부활한 삶이라고 부르는 다가올 삶, 죄인인 동시에 성도인 그리스도의 가족이 누릴 삶의 첫날을 상상한다. 그는 이 시리즈에서 그리스도를 상징하는 사자 아슬란을 통해 이 땅에서 가장 좋은 이야기의 하이라이트조차 우리의 부활한 미래에 비하면 빛이 바래진다는 사실을 일깨워 준다. 숨을 깊이 들이쉬고 나서 그의 글에 당신의 상상력이 깨어나는 경험을 해 보라. 예수님이 막달라 마리아와 베드로만을 위해서 죽음에서 살아나신 것이 아니라는 사실을 다시 기억하는 시간을 가져보라. 그분의 부활은 바로 당신을 위한 것이기도 하다.

"그들에게 그(부활한 아슬란)는 더 이상 사자처럼 보이지 않았다. - 뒤에 일어난 상황은 너무 대단하고 아름다워서 글로 옮길 수 없을 정도이다. 우리에게는 이것이 이 모든 이야기의 결말이며, 우리는 그들 모두가 그 후로도 오래오래 행복하게 살았으리라 확신할 수 있다. 하지만 그들에게 이것은 진짜 이야기의 시작일 뿐이었다. 이 세상에서 그들의 모든 삶과 모든 모험은 표지요 속표지일 뿐이었다. 이제 마침내 세상 누구도 읽은 적이 없는 위대한 이야기의 1장이 시작되었다. 영원히 이어질 이야기, 모든 장이 이전 장보다 더 좋아지는 이야기이다."[17]

그렇다. 궁극적이고 가장 참된 해피엔딩을 가리키는 해피엔딩 스토리, 사실이기도 한 신화, 믿을 만하고 참된 말씀, 그래서 거부할 수 없는 말씀이다.

이 이야기를 스스로 기억하고 다른 사람에게도 이야기해 주자.

"

Part 3

예수로 옷 입고
'우리를 기다리는 세상 속으로'

우리교회의 교인들이 새 창조의 현실을 알고 경험하고 나서 각자 삶의 모든 영역을 그리스도의 나라로 만드는 운동은…지교회의 교인들이 자기 삶에 대한 내향적인 관심을 버리고, 자신들이 온 세상을 위한 하나님의 구속의 은혜에 대한 증거요 도구이며 맛보기로서 교회 밖에 있는 사람들을 위해 존재한다는 사실을 깨달을 때만 일어날 것이다.
- 레슬리 뉴비긴(Lesslie Newbigin)

너희는 세상의 소금이니 소금이 만일 그 맛을 잃으면 무엇으로 짜게 하리
요 후에는 아무 쓸 데 없어 다만 밖에 버려져 사람에게 밟힐 뿐이니라 너
희는 세상의 빛이라 산 위에 있는 동네가 숨겨지지 못할 것이요 사람이 등
불을 켜서 말 아래에 두지 아니하고 등경 위에 두나니 이러므로 집 안 모든
사람에게 비치느니라 이같이 너희 빛이 사람 앞에 비치게 하여 그들로 너
희 착한 행실을 보고 하늘에 계신 너희 아버지께 영광을 돌리게 하라.
- 마태복음 5장 13-16절

가난한 이웃은
하나님이 보내신
최고의 선물이다

어떤 이들에게 성경은 위로를 준다. 또 어떤 이들에게 성경은 충격을 준다. 성경을 통해 하나님은 용서, 자비, 환영의 말씀으로 사람들을 치유하신다. 하지만 같은 성경을 통해 하나님은 경고의 말씀으로 우리의 심령을 뒤흔들어 회개와 회복과 평안으로 이끄신다.

성경 이야기의 중심이신 예수님은 고통 받는 사람들을 위로하시는 동시에 안주한 사람들은 괴롭히신다. 겸손한 자에게는 은혜를 베푸시고 교만한 자는 반대하신다. 수치심으로 가득한 매춘부에게는 온유하시고 자아로 가득한 바리새인에게는 사나우시다. 가난한 자들에게는 특별한 관심을 쏟으시고 가난한 자를 모른 체하는 자들은 나무라신다.

예수님이 하신 가장 충격적인 말씀 중 하나는 마지막 심판의 자리에서 많은 사람이 그분을 "주여 주여"라고 부를 때 그분이 "내가 너희를 도무지 알지 못하니 … 게서 떠나가라"라고 대답하실 것이라는 말씀이다(마 7:21-23). 또한 예수님은 다음과 같이 말씀하실 것이다.

"… 저주를 받은 자들아 나를 떠나 마귀와 그 사자들을 위하여 예비된 영원한 불에 들어가라 내가 주릴 때에 너희가 먹을 것을 주지 아니하였고 목마를 때에 마시게 하지 아니하였고 나그네 되었을 때에 영접하지 아니하였고 헐벗었을 때에 옷 입히지 아니하였고 병들었을 때와 옥에 갇혔을 때에 돌보지 아니하였느니라 … 내가 진실로 너희에게 이르노니 이 지극히 작은 자 하나에게 하지 아니한 것이 곧 내게 하지 아니한 것이니라"(마 25:41-45).

이런 말씀은 정신이 번쩍 들게 만든다. 무엇보다도 우리를 향한 말씀이기 때문이다. 이는 평생 교회에 열심히 다니면서 매일같이 성경을 읽고 헌금을 내고 밤낮으로 기도하며 신학을 정확히 알고 심지어 주일에 설교를 하고 기독교 서적을 쓰기도 하는 사람들에게 주시는 말씀이다. 하지만 그 옛날 라오디게아 교회처럼 세상에서 아무리 영적으로 대단하다는 평을 받아도 결국 예수님께 벌거벗고 가난하고 곤고하고 눈이 먼 자라는 말을 들을 사람이 너무도 많다(계 3:14-22).

예수님의 이복형제이자 예루살렘 교회의 리더였던 야고보는 진정한 믿음을 가난한 자들을 위한 관심과 행동에 연결시켰다.

"만일 형제나 자매가 헐벗고 일용할 양식이 없는데 너희 중에 누구든지 그에게 이르되 평안히 가라, 덥게 하라, 배부르게 하라 하며 그 몸에 쓸 것을 주지 아니하면 무슨 유익이 있으리요"(약 2:15-16).

야고보는 자신의 질문에 스스로 답한다. "이와 같이 행함이 없는 믿음은 그 자체가 죽은 것이라"(약 2:17).

야고보는 그 서신서의 앞쪽에서 이렇게 말했다. "하나님 아버지 앞에서 정결하고 더러움이 없는 경건은 곧 고아와 과부를 그 환난 중에 돌보고 또 자기를 지켜 세속에 물들지 아니하는 그것이니라"(약 1:27).

예수님과 야고보는 둘 다 자신을 부인하고 자기 십자가를 지고 그분을 따르라는 예수님의 명령을 다른 것으로 대체하려는 우리의 타락한 성향에 대해 경고한다. 우리는 이 명령을 이웃을 부인하고 자기 안위를 챙기고 꿈을 좇는 자기중심적인 길로 대체한다. 이는 곧 참된 믿음을 가짜로 맞바꾸는 행동이다. 거부할 수 없는 믿음을 하나님께 거부당할 사고와 믿음, 삶으로 바꾸는 행동이다. 왜 그럴까? 예수님이 "지극히 작은 자들"이라고 부르신 이웃들을 위해 걱정하고 행동하는 것이야말로 하나님이 기뻐하시는 참된 믿음의 필수적인 측면 중 하나이기 때문이다.

이 땅에서 예수님이 가장 가까운 친구라고 부를 만한 사도 요한도 비슷한 경고를 했다. "누가 이 세상의 재물을 가지고 형제의 궁핍함을 보고도 도와 줄 마음을 닫으면 하나님의 사랑이 어찌 그 속에 거하겠느냐 자녀들아 우리가 말과 혀로만 사랑하지 말고 행함과 진실함으로 하자"(요일 3:17-18).

우리 교회의 부교역자 중 한 명인 찰스 맥고완(Charles McGowan)은 교리, 즉 하나님과 우리 자신, 이웃, 세상에 관한 성경적 믿음들의 집합이 우리 신앙의 '골격'이라고 말한다. 교리적 골격은 신앙의 근육, 힘줄, 혈관, 주요 기관들이 올바로 기능하고 자라기 위한 기초

적이고 필수적인 구조이다. 다시 말해, 교리적 믿음들은 성경 읽기, 올바른 가르침 듣기, 기도, 영적 교제, 교회 활동, 성사, 가장 취약한 계층을 비롯한 이웃들에 대한 행동하는 사랑 등의 기초 역할을 한다.

하지만 인간의 몸과 마찬가지로, 사람들이 우리의 신앙을 볼 때 교리적 골격만 보인다면, 심지어 교리적 골격이 주로 보여도 그 신앙은 영양이 부족해 아픈 상태이거나 아예 죽은 상태일 수 있다. 행함이 없는 믿음은 그 자체가 죽은 것이다. 그리고 죽은 시체와 마찬가지로 죽은 신앙은 거부할 수 없는 매력과 거리가 멀어도 한참 멀다.

가난한 자를 외면하는 종교인에게

매우 비범한 대학생을 상상해 보라. 하버드대학교 3학년생인 그는 완벽한 학점을 받았고 학생회장이다. 그가 졸업생 대표로 졸업식에서 고별사를 전할 것이 거의 확실시된다. 대학원 진학을 비롯해서 앞날이 더없이 밝아 보인다.

자신감이 충만해진 이 엘리트 학생은 퓰리처 문학상 후보로 자기 자신을 추천하기로 결심한다. 그런데 퓰리처 위원회의 회장에게서 그로서는 충격적이고 경악스러운 편지가 날아온다.

"최고 엘리트 학생에게

퓰리처상이 전문 독자가 아닌 전문 작가에게 주는 상이라는 점을 알리게 되어 매우 유감입니다. 귀하의 지원서를 보니 찰스 디킨스 (Charles Dickens), 제인 오스틴(Jane Austen), 나다니엘 호손(Nathaniel Hawthorn), 버지니아 울프 등의 작품을 독파하셨더군요. 하지만 그들처럼 '작가'가 되기 전까지는, 그러니까 사람들이 "거부할 수 없이 매력적이다"라고 말할 무엇인가, 귀하 외의 다른 독자들에게 유익한 뭔가를 세상에 내놓기 전까지는 귀하의 지원을 거부할 수밖에 없습니다."

– 퓰리처 위원회

퓰리처 위원회가 문학 전공자에게 말한다. "문학 작품을 열심히 읽는다고 작가가 되지는 않는다." 벌목꾼이 소년에게 말한다. "숲 속에 당당하게 서 있다고 나무가 되지는 않는다." 파일럿이 파일럿 지망생에게 말한다. "한 장소에서 다른 장소로 날아간다고 새가 되지는 않는다." 의사가 암환자에게 말한다. "겨드랑이의 혹이 양성이라고 굳게 믿는다고 건강해지지는 않는다."

예수님이 교리적으로 옳고 교회에 열심히 나가고 안위를 추구하면서 가난한 자들을 외면하는 종교적인 자들에게 말씀하신다. "매일 성경을 읽고 기도를 하면서 '교회 활동'과 '종교 활동'을 한다고 해서 내 제자가 되지는 않는다."

야고보는 힘주어 말한다. "귀신들도 (하나님을) 믿고 떠느니라"(약 2:19). 그리고 예수님은 특별히 가난한 사람들에 대한 사역을 언급하면서 말씀하셨다. "이 지극히 작은 자 하나에게 하지 아니한 것이 곧 내게 하지 아니한 것이니라."

지극히 작은 자들

사실, 종교적인 행위, 심지어 올바른 교리까지 갖추고 마음속에 하나님 사랑의 증거를 전혀 보이지 않고 있는 이들이 많다. 그들은 이웃들, 특별히 예수님이 "지극히 작은 자들"이라고 부른 이들을 향한 사랑이 전혀 없다(마 25:40).

하지만 여전히 소망이 있다. 지금까지 교리적으로 정확하지만 관계적으로 죽은 신앙의 골격만 유지해 왔다 해도 오늘이 새로운 시작이 될 수 있다. 왜일까? 하나님은 죽은 뼈에 살아 있는 살을 입혀 되살리기를 즐겨하시는 분이고 하나님의 인자와 긍휼은 아침마다 새롭기 때문이다(겔 37:1-14; 램 3:22-23).

우리가 숨을 쉬는 한, 성령님이 '그분의' 자비와 긍휼, 정의, 구원을 우리에게 불어넣어 주셔서 우리의 죽은 신앙을 되살려 주실 기회가 있다. 그렇게 될 때 가난한 사람들을 향한 사랑과 관심이 우리를 통해 걷잡을 수 없이 흘러가기 시작할 것이다.

의사가 암을 조기에 발견해서 수술을 요구하거나 아버지가 어린 자녀에게 도로로 달려가지 말라고 큰 소리로 경고하는 것처럼, 가난한 사람을 외면하지 말라는 하나님의 경고는 인자하심에서 비롯한 것이다. 하나님의 경고를 잘 받아들인다면 찬송가 가사처럼 "그리스도는 우리의 무력한 상태를 생각하사 우리의 영혼을 위해 자신의 피를 흘리셨네"라는 그리스도의 자비를 기억하며 아파하는 이들을 위한 그분의 자비 사역에 동참할 새로운 기회를 얻을 수 있다.

스리랑카 전도자 다니엘 T. 닐스(Daniel T. Niles)는 그리스도의 사명에 참여하는 것이 한 거지가 또 다른 거지에게 어디서 먹을 것을 구할 수 있는지 알려 주는 일과 같다고 말했다.[1]

나눌 때 더 커지는 하나님 선물

성령 충만으로 인해 '우리를 향한' 그리스도의 사랑을 깊이 깨달으면 우리 안에서 남들을 향한 사랑이 흘러넘치게 된다. 성령님이 우리를 예수님처럼 변화시켜 주시면 예수님의 일들이 우리에게 점점 더 자연스러워진다.

이런 변화가 이루어질 때 "우리가 사랑함은 그가 먼저 우리를 사랑하셨음이라"(요일 4:19)라는 말이 단순한 말이나 막연한 포부를 넘어 실제 삶이 된다. 은혜로 구속받고 회복되고 용서받고 하나님의 가족으로 입양되고 하나님의 잔치에 초대를 받은 사람답게 살기 시작한다.

　내슈빌에 있는 우리 교회는 수만 가지 아름다운 방식으로 가난한 사람들 혹은 "지극히 작은 자들"을 향한 사랑을 표현한다. 어떤 교인들은 감옥에서 막 출소한 전과자들이 의미 있는 일거리를 찾아 번듯한 사회의 일꾼으로 자리를 잡도록 돕기 위해 시간과 돈과 기술을 투자한다. 장애인들 속에서 섬김을 실천하는 교인들도 있다. 고아를 입양해서 애지중지 기르는 교인들이 있는가 하면 그들을 돕기 위한 봉사 단체를 조직한 교인들도 있다. 어떤 교인들은 지역 비영리 단체를 통해 난민들에게 의료 서비스를, 사창가에서 탈출한 여성들에게 고통에서 벗어나기 위한 물심양면의 도움을, 중독자들에게 치유를 위한 공동체를, 원치 않는 임신을 한 여성들에게 돌봄과 지원을, 이혼이나 사별, 실직, 외로움, 불안감, 우울증을 겪은 이들에게 상담과 우정을 제공해 준다. 이 외에도 일일이 나열하자면 끝이 없다!

　물론 지극히 작은 이들에게 마음과 삶을 쏟는 크리스천 공동체는 우리 교회만이 아니다. 전 세계적으로 수백만 명의 크리스천들이 매일같이 이런 노력을 하고 있다. 구제와 정의를 위한 하나님 백성들의 열정이 얼마나 강했든지 회의론자인 〈뉴욕 타임스〉의 저널리스트 니콜라스 크리스토프(Nicholas Kristof)가 그것에 관해 장황한 글을 썼을 정도이다.

"빈곤과 질병, 압제에 관해서 말하자면 … 소득의 10퍼센트를 자선을 위해 기부하는 (크리스천들이) … 정말 많다. … 무엇보다도, 국내외에서 기아, 말라리아, 교도소 내 강간, 산과 누공(obstetric fistula), 인신매매, 대량 학살과 싸우는 최전선에 가보면 거기서 만날 수 있는 가장 용감한 사람들 중 상당수가 크리스천들이다. 나는 특별히 종교적이지는 않지만 이런 식으로 목숨을 거는 사람들을 보면 경외감에 벌린 입을 다물 수 없다. 그리고 그런 믿음이 뉴욕 시의 칵테일 파티에서 조롱을 당하는 모습을 보면 구역질이 난다."[2]

전 세계의 크리스천들이 그토록 희생적으로 자신의 삶을 남들에게 쏟아 붓는 이유는 간단하다. 그들은 하나님의 선물과 은혜가 축재할 것이 아니라 언제나 나누어야 할 것이라고 믿기 때문이다. 넘치는 잔(시 23:5)은 남들의 삶 속으로 넘치게 되어 있다.

가진 것이 적든지 많든지 우리는 그리스도로 인해 세상에서 가장 부유한 사람들이다. 그리스도 안에서 우리는 구원하는 은혜로 인해 '부요'하고, 하나님께 사랑받는 아들과 딸이라는 지위로 인해 '부요'하고, 세상의 그 무엇도 우리를 하나님의 사랑에서 떼어 놓을 수 없다는 확신으로 인해 '부요'하고, 하나님이 우리를 해하는 것이 아니라 번영하기 위한 계획을 갖고 계신다는 확신으로 인해 '부요'하다. 그래서 우리는 사랑과 선행에서도 넘치도록 '부요'하도록 부름을 받았다(고후 8:9; 갈 3:29; 딛 3:5; 롬 8:38-39; 렘 29:11-13; 히 10:24).

교인들이 스스로에게나 서로에게나 말하는 것처럼, 그리고 내가 앞서 언급한 것처럼, 복음은 기본적인 수학 공식으로 요약될 수 있다.

"모든 것 – 예수님 = 0

예수님 + 0 = 모든 것"

이 공식이 사실이라면 자신을 내어 주어도 전부를 얻으니 전혀 손해가 아니다. 결국, 가장 큰 수혜자는 받는 사람이 아니라 주는 사람이다. 생명을 움켜쥐려고 하면 잃고, 하나님과 이웃에 대한 사랑과 섬김으로 생명을 내려놓으면 얻는다(눅 9:24).

진정한 믿음이 있는 곳에는 반드시 생명 징후가 나타나게 되어 있다. 그리스도의 영이 우리 안에 거하시면 그 증거가 단순한 교리적 골격보다 더 도드라지게 보인다. 우리 몸에서 맥박과 호흡이 생명의 징후인 것처럼 우리의 영혼과 믿음의 공동체 안에서는 가난한 사람들을 향한 사랑, 선행, 나눔이 바로 생명의 징후이다.

예수님은 창조주요 인간 몸의 설계자이시지만 문학이나 의학을 전공하시지 않았다. 사실, 부모인 요셉과 마리아가 여력이 없어서 예수님은 이렇다 할 교육을 받으신 적이 없다. 하지만 예수님은 사명을 가지셨다. 불같은 열정을 가지셨다. 생각과 말씀, 행동, 삶의 궤적이 분명한 목적을 중심으로 이루어졌다.

예수님이 공적 사역과 그 목적을 어떻게 밝히셨는지 보자.

"예수께서 그 자라나신 곳 나사렛에 이르사 안식일에 늘 하시던 대로 회당에 들어가사 성경을 읽으려고 서시매 선지자 이사야의 글을 드리거늘 책을 펴서 이렇게 기록된 데를 찾으시니 곧 주의 성령님이 내게 임하셨으니 이는 가난한 자에게 복음을 전하게 하시려고 내게 기름을 부으시고 나를 보내사 포로 된 자에게 자유를, 눈먼 자에게 다시 보게 함을 전파하며 눌린 자를 자유롭게 하고 주의 은혜의 해를 전파하게 하려 하심이라 하였더라 책을 덮어 그 맡은 자에게 주시고 앉으시니 회당에 있는 자들이 다 주목하여 보더라 이에 예수께서 그들에게 말씀하시되 이 글이 오늘 너희 귀에 응하였느니라 하시니"(눅 4:16-21).

또한 예수님이 상상하신 잔치의 하객 명단은 다음과 같았다.

"어서 시내의 큰길과 골목길로 나가거라. 가서 제대로 된 식사가 필요한 사람들, 소외된 사람과 노숙자와 불쌍한 사람들을 눈에 띄는 대로 모아서 이리로 데려오너라. … 그렇다면 길거리로 가서 아무나 만나는 대로 데려오너라. 나는 내 집이 가득 차기를 원한다!" (눅 14:21-24, 메시지 성경)

"소외된 사람과 노숙자와 불쌍한 사람들"을 향한 예수님의 특별한 사랑과 관심은 그보다 훨씬 더 오래전 하나님의 백성들이 모세를 통해 들은 말씀을 떠올리게 한다.

"너희 중에 가난한 자가 없으리라 … 가난한 형제가 너와 함께 거주하거든 그 가난한 형제에게 네 마음을 완악하게 하지 말며 네 손을 움켜쥐지 말고 반드시 네 손을 그에게 펴서 그에게 필요한 대로 쓸 것을 넉넉히 꾸어 주라 … 그를 놓아 자유하게 할 때에는 빈손으로 가게 하지 말고 … 네 하나님 여호와께서 네게 복을 주신 대로 그에게 줄지니라"(신 15:5, 7-8, 10, 13-14).

왜 다윗은 두 발을 전 요나단의 남은 아들 므비보셋을 거두어들여 왕자의 지위를 주고 그가 항상 왕의 테이블에 앉아 식사를 하게 했을까?(삼하 9:13) 다윗은 놀라운 은혜로 구속을 받고 회복되고 용서를 받은 하나님의 아들딸에게 너무도 당연한 반응을 보인 것이었을 뿐이다. 그는 은혜로 큰 죄를 용서받고 나서 하나님이 요구하시는 유일한 조건이 단순히 그분이 필요함을 느끼는 것임을 깨달았다. 그렇게 은혜를 받은 그는 이제 은혜를 후히 베푸는 사람이 되었다.

수많은 사람들처럼 다윗도 받는 것보다 주는 것이 더 복되다는, 즉 더 행복하고 건강하다는 사실을 발견했다(행 20:35). 자비와 연민을 포함해서 하나님의 선물을 즐기는 경험은 그 선물을 공동체 안에서 남들과 나눌 때 비로소 완성된다.

　가난한 사람들에게 특별한 관심을 쏟는 것은 신약 교회의 교인들에게도 제2의 천성과 같았다. 신약 교회의 우선순위, 문화, 사명에는 그런 관심이 깊이 반영되어 있었다. 이 첫 크리스천들에게 예수님은 자신의 전부를 내어 주신 평화의 왕이었다. 그분은 스스로 가난하게 되어 빌린 마구간을 통해 세상에 오셨고 난민이 되셨으며 별 볼일 없는 벽촌에서 자라셨고 머리 누일 곳조차 없었으며 외모도 잘생긴 것과는 거리가 멀었고(사 53:2), 경멸과 거부, 수치, 모함을 받아 십자가에 달린 범죄자로 세상을 떠나셨다. 초대 교인들은 예수님의 이런 삶에 깊이 매료되어 그분처럼 살기 위해 애를 썼다. 그들은 하나님의 은혜를 축재하지 않았다. 그들은 이웃들, 특히 무너지고 지치고 찢어지게 가난한 사람들을 위해 이 땅의 보화를 아낌없이 나누었다.

　이 첫 크리스천들은 자신들의 집, 테이블, 시간, 물질적 부를 아낌없이 나누었다. 심지어 아무도 자기 재산을 자신의 것이라고 말하는 이들이 없었다. 그들은 공동체 안에 가난한 사람들이 아예 없도록 모든 것을 거리낌 없이 내놓았다. 심지어 필요하다면 전답과 집까지 기꺼이 팔았다. 그들의 아낌없는 나눔이 세상에 알려지자 믿지 않은 이웃들까지 포함해서 "온 백성에게 칭송을" 받게 되었다(행 2:47; 4:32-37).

　마찬가지로, 사도 바울은 자신과 교인들이 얼마나 "힘써" 가난한 자들을 기억하고 도왔는지에 관한 이야기를 했다(갈 2:10). 가장 적게 가진 사람들이 가장 앞장서서 남들을 돕는 경우가 많다. 예를 들어, 그리스도 안에서 받은 부요함에 대한 감사의 표현으로 자신에게 마지막으로 남은 동전을 성전에서 드린 가난한 과부가 있었다(눅 21:1-4). 극심한 장기 불황으로 인해 경제적으로 매우 쪼들린 삶을 살면서도 바울을 통한 복음 전파와 구제를 위해 자신들의 호주머니를 털었던 마게도냐 교인들도 있었다.

> "형제들아 하나님께서 마게도냐 교회들에게 주신 은혜를 우리가 너희에게 알리노니 환난의 많은 시련 가운데서 그들의 넘치는 기쁨과 극심한 가난이 그들의 풍성한 연보를 넘치도록 하게 하였느니라 내가 증언하노니 그들이 힘대로 할 뿐 아니라 힘에 지나도록 자원하여 이 은혜와 성도 섬기는 일에 참여함에 대하여 우리에게 간절히 구하니 우리가 바라던 것뿐 아니라 그들이 먼저 자신을 주께 드리고 또 하나님의 뜻을 따라 우리에게 주었도다"(고후 8:1-5).

놀랍지 않은가? 마게도냐 교인들은 자신들도 힘들면서 자신처럼 경제적으로 쪼들린 사람들을 구제할 기회를 달라고 바울을 비롯한 사도들에게 간청했다. 궁핍하게 사는 사람들이 오히려 더 아낌없이 베푸는 경우가 많다. 그들은 인생의 모든 것이 하나님에게서 온 선물이며 예수님 더하기 제로는 모든 것이라는 사실을 아는 사람들이다.

얼마전, 우리 교회에 출석하는 한 가정이 경제적인 어려움을 겪었다. 그들은 단지 기도를 요청하기 위해 교회 리더에게 이 사정을 조용히 알렸다. 그리고 얼마 뒤 리더와 부부는 함께 소모임에 참석하게 되었다. 모임에서 리더는 "우리 교회의 한 부부"가 경제적으로 힘들다고 말하며 혹시 누구라도 단돈 몇 천 원이라도 보탠다면 기꺼이 모아서 다음날 익명의 부부에게 전해 주겠다고 말했다.

몇몇 사람이 이 어려운 가정의 부부를 돕기 위해 리더에게 현금이나 수표를 건넸다. 다음날 아침 리더는 봉투에 든 돈들을 꺼내 합산하던 중 남들보다 월등이 큰 액수의 수표 한 장을 발견했다. '익명의 부부'의 짐을 덜어 주기 위해 내놓은 이 후한 구제 헌금은 바로 익명의 부부가 낸 돈이었다. 그들은 자신들을 돕기 위한 헌금인 줄도 모르고 어려운 가운데서도 버거울 만큼 큰돈을 냈다.

베풀지 못하도록 발목을 붙잡는 것들

그렇다면 오늘날 왜 모든 크리스천 공동체가 재정적인 위기에 처했던 이 부부나 잔돈까지 다 바친 과부, 어려운 사람들을 도울 기회를 달라고 '사정까지' 했던 마게도냐 교인들의 행동과 태도를 보이지 않는 것일까? 어떤 요인들이 거부할 수 없는 믿음으로 나아가지 못하도록 우리의 발목을 잡고 있는 것일까? 왜 우리는 어렵게 사는 사람들에게 힘써 베풀지 않는 것일까? 나는 몇 가지 요인이 있다고 생각한다.

첫째, 가난한 사람들의 상황을 개선하기 위해 노력할 엄두가 나지 않을 수 있다. 심지어 예수님도 우리가 고통을 끝내기 위해 아무리 애를 써도 가난한 사람들은 늘 우리의 곁에 있을 것이라고 말씀하셨다(마 14:7). 극심한 가난 속에 사는 사람이 전 세계적으로 수억 명인데 우리가 아무리 애를 써 봐야 달라지는 것이 있을까? 가난은 나라도 구제할 수 없는데 우리가 뭘 어쩌겠는가.

둘째, 가난한 사람들을 돕다보면 우리도 집 없음, 질병, 중독, 정신병 같은 삶의 고통에 노출될 수밖에 없다. "정의를 행하며 인자를 사랑하며"(미 6:8).

성경의 이런 분명한 명령이 안전하고 통제된 삶, 에어컨이 시원하게 돌아가는 예배당, 개인 기도 시간의 울타리 속에서는 우리 안에 열정을 일으킬 수 있다. 하지만 실제로 정의를 행하고 인자를 사랑하는 삶으로 한걸음을 나아갈 때마다 우리에게 익숙했던 안전하고 통제된 삶의 방식에서 한걸음씩 나와야 한다. 우리의 삶을 내려놓아야 한다. 우리의 십자가를 매일 지어야 한다. 예수님이 여전히 육신으로 우리와 함께하신다면 과연 어디에 계실까? 바로 그곳으로 그분을 '따라가야' 한다.

우리는 고통이 어디에나 있다는 사실을 직시하지 않으려고 한다. 그리고 주님의 손과 발이 되어 그 고통을 다루는 것이 '우리의' 소명이라는 사실을 애써 외면하려고 한다. 현실을 직시하는 것이 너무도 고통스럽기 때문이다. 현실이 어떠한가? 일부 지역에서는 기대 수명이 겨우 50년이고[3] 유아 사망률이 무려 10퍼센트나 된다.[4] 전 세계적으로 인신매매의 희생자가 2천에서 3천만 명이다.[5] 미국에서 원치 않는 임신을 한 여성의 75퍼센트가 가난한 환경에서 허덕이는 저소득층이다.[6] 대부분의 학생들이 대학에 입학할 기회를 얻지 못한다. 이웃들에게 둘러싸여 사는 사람들도 지독한 외로움, 중독, 정신질환, 죄책감, 수치심, 후회, 절망감과 남몰래 사투를 벌이고 있다. 예수님처럼 이런 이웃들에게 다가가려니 어떻게 해야 할지 막막하기만 하다. 우리는 이들을 도울 능력이 없어 보인다. 괜히 나섰다가 상황만 더 악화시킬까 봐 두렵다.

셋째, 맹목적이고 교만한 파벌 정치에 빠져서, 심지어 가난이 주로 가난한 사람들 자신의 잘못이라는 잘못된 논리로 가난한 사람들을 경멸적으로 바라보는 이들이 있다. 눈이 먼 것이 당사자 혹은 그의 부모의 죄 때문이라고 생각했던 제자들처럼(요 9:2) 그들은 고통 받는 사람들이 고통을 자초한 것이라고 생각한다. 욥의 어리석은 조언자들처럼 그들은 희생자들이 자신의 죄로 그렇게 된 것이라고 말하고 행동한다(욥 16:2). 가난한 사람들의 경우에는 게으르거나 형편없는 노동윤리를 가졌거나 어리석은 선택을 해서 그렇게 된 것이라고 생각한다. "그렇지 않으면 저들이 왜 가난해졌겠는가? 내가 현재의 자리에 오르기까지 얼마나 노력했는지 알아? 왜 저들은 그렇게 못하는 거야?"

이는 무정하고 잔인한 생각이다. 게다가 논리적으로도 경험적으로도 맞지 않다. 가난한 사람들에게 관해서 이렇게 생각한다면 크리스천으로서 우리의 소명에 핵심적인 뭔가를 놓치고 있는 것이다. 이런 생각을 하고 있다면 우리가 얼마나 이기적이고 사랑이 없는지 뼈저리게 깨닫고 회개해야 마땅하다. 특히, 가난한 사람들을 비난하는 것은 곧 예수님을 비난하는 것이다. 왜일까?

예수님도 가난하셨기 때문이다. 나아가, 가난한 사람들을 비난하거나 무시한다면 그것은 누구는 부유하고 헌신적인 부모 밑에서 태어나고 누구는 빈민가나 갱이 판을 치는 동네, 학대적인 가정에서 태어나게 만드는 사회 전체의 구조적인 문제점을 보지 못하고 있는 것이다. 구조적인 불평등과 불의로 누구는 특권을 누리고 누구는 억압을 당하고 있는데도 우리는 만인이 똑같은 기회를 누리는 것처럼 행동한다. 우리는 불가항력적인 상황과 상관없이 모든 사람이 자신의 운명에 대해 전적으로 책임이 있는 것처럼 행동한다.

"열심히 노력하기만 하면 상황은 좋아질 수밖에 없어." 우리는 그렇게 말한다. 물론 그럴 수도 있다. 하지만 그렇지 않을 수도 있다. 마약 중독자 엄마 밑에서 자란 소년에게도 그렇게 말할 수 있는가? 여섯 명의 아이를 홀로 키우는 엄마에게도 그리 말할 수 있는가? 미국에서 사용할 수 있는 기술도 없고 영어도 못해 취직조차 하지 못하는 전쟁 난민들에게도 동일한가?

그들에게 그런 말을 해 봐야 힘이 되기는커녕 분노와 절망만 일으킬 뿐이다. 그런 말은 얼마나 잔인한 말인지 모른다. 예수님은 많이 받은 사람에게 많이 요구할 것이라고 말씀하신다(눅 12:48). 따라서 우리는 스스로에게 이렇게 물어야 한다. 우리가 하나님께 얼마나 많이 받았는가? 이웃들, 특히 가난한 이웃들에 대한 우리의 책임과 관련해서 그것이 무엇을 의미하는가?

가치를 깨달으라

생각해 봐야 할 것이 더 있다. "가난한 자들을 기억할"(갈 2:10) 의지가 부족한 것은 상황을 올바로 보지 못하기 때문이 아닐까? 가난한 사람들이 우리에게 짐이 아니라 오히려 하나님의 가장 큰 선물 중 하나는 아닐까? '자신들을 위한' 헌금인 줄도 모르고 누구보다 많이 드렸던 그 부부처럼 가난한 사람들이 인생에서 가장 중요한 것이 무엇이고 하나님 나라가 어떤 식으로 이루어지며 우리가 현재의 삶을 마칠 때 무엇을 가져갈 수 있는지에 관해서 가르쳐 줄 수 있는 최고의 스승들은 아닐까? 라오디게아 교인들이 마게도냐 교인들에게 가르쳐 줄 것보다 오히려 배워야 할 것이 더 많지는 않을까? 과부의 동전이 사실상 세상에 줄 수 있는 모든 선물 중 가장 큰 선물이라면? 우리 모두가 똑같이 가난하고 똑같이 무력한 거지들이라면? 가장 중요한 부는 매출이나 은행 잔고, 자산, 재정 포트폴리오가 아닌 '자신의 가난을 느끼는 능력'에 따라 측정되어야 한다면? 자신의 가난을 깊이 느낄수록 이 세상에서 우리 스스로 축적할 수 있는 것이 아니라 하나님이 영원한 유업으로 주신 것을 자신의 진정한 '순자산'으로 여기게 되기 때문이다. 하나님이 우리를 위하여 "하늘에 간직하신" 영원한 유업이 "금보다 더 귀하"고 "썩지 않고 더럽지 않고 쇠하지 아니하"다는 것을 깨닫게 되기 때문이다(벧전 1:3-9).

하나님의 정의에 따른 '부'를 이해하고 경험할 때, 즉 하나님이 우리의 유일하게 참된 부이며 그 부에 비하면 돈은 작고 하찮은 것에 불과함을 깨달을 때, 사람의 가치를 바라보는 우리의 시각이 조정된다. 누구는 중요하고 누구는 쓰다 버릴 소모품이며, 누구는 가치 있고 누구는 무가치하며, 누구는 친분을 쌓을 만하고 누구는 알아봐야 아무런 영양가가 없다는 식으로 인간의 가치를 분류하는 우리의 계급 체제가 무너지기 시작한다. 하나님의 경제에서는 세상에서 말하는 순자산에 상관없이 심령이 가난한 사람들이 하나님의 부를 전적으로 물려받는 상속자들이다. 예수님은 "심령이 가난한 자는 복이 있나니"라고 말씀하셨다. 예수님을 떠나서 모든 것을 가져봐야 아무것도 가지지 못한 것이며 예수님만 갖고 아무것도 없다 해도 모든 것을 가진 것이라는 점을 깨달은 자는 복이 있다. 왜냐하면 "천국이 그들의 것"이기 때문이다(마 5:3).

사실, 하나님의 눈에는 가난한 사람이나 부자나 '가치'가 동일하다. 따라서 그리스도의 이름으로 우리의 계급 체재를 허물어야 한다. 이런 개념이 많이 가진 자들에게는 거부를 당할지 모르지만 무시와 외면에 익숙해진 사람들에게는 거부할 수 없이 매력적인 개념으로 다가올 것이다.

N. T. 라이트(Wright) 주교의 이 말이 도움이 될 것이다.

"세상의 더러운 때가 묻지 않도록 조심하라. 세상은 언제나 사람들을 평가하고 저울질하고 깎아 내리고 우열 순서를 정한다. 모든 사람을 똑같이 보고 사랑하시는 하나님은 교회의 행동에서 그분의 풍성하고 보편적인 사랑이 묻어나오기를 원하신다."[7]

교황 프란치스코(Pope Francis)도 같은 맥락의 발언을 했다.

"모든 생명은 측량할 수 없는 가치를 지닌다. 가장 약한 자들, 병자, 노인, 태아, 가난한 사람도 다 영원이 살도록 하나님의 형상을 따라 창조된 하나님의 걸작이다. 따라서 최고의 존중과 경의를 받아 마땅하다."[8]

모든 사람은 하나님이 지으신 걸작이다. 사회의 기생충이나 짐으로 불려야 할 사람은 단 한 명도 없다. 외면하거나 무시하거나 버리거나 머릿속에서 지워 마땅한 인간 집단은 세상에 없다. 우리 모두는 걸작이다. 우리는 천사보다 아주 조금 못하게 창조된 피조물의 최고봉이요 하나님의 형상을 품은 자들이다(시 8:5-7).

부가 하나님의 편애를 의미하는 것이 아닌 것처럼 가난은 하나님의 미움을 의미하는 것이 아니다. 물질적인 부를 습득하는 과정은 도덕적일 수도 부도덕할 수도 있지만 부 자체는 도덕적으로 중립적이다. 가난과 부요함 자체는 하나님 축복의 증거도 저주의 증거도 아니다.

물질적 부를 '더 많이' 받는 것이 가난한 많은 사람들에게 도움이 되는 것처럼 물질적인 부가 '줄어드는' 것이 부요한 많은 사람들에게 도움이 되는 것은 아닐까? 정의를 행하고 인자를 사랑할 때 나타나는 복이 한 방향이 아니라 양방향으로 흐르는 것은 아닐까? 그러니까 부를 '얻는' 가난한 사람들만이 아니라 후히 나누고 돌보는 행위를 통해 부를 '잃는' 사람들도 참된 복을 받는 것이 아닐까?

오스트리아의 사업가 카를 라베더(Karl Rabeder)는 530만 달러에 달하는 전 재산을 자선 단체에 기부한 뒤에 한 인터뷰에서 다음과 같이 말했다.

> "오랫동안 돈이 많아 사치를 누릴수록 저절로 더 행복해진다고 생각
> 하며 살아왔습니다. 하지만 시간이 지날수록 이건 아니다는 생각이
> 강해졌습니다. "지금처럼 사치하고 소비하는 삶은 그만두고 이제 진

짜 삶을 살기 시작해!" 이런 말을 들을수록 제가 진정으로 원하지도 필요로 하지도 않는 것을 위해 노예처럼 살았구나 하는 생각이 들었습니다. 5성급 삶이 얼마나 끔찍하고 영혼과 감정이 없는 삶인가 하는 깨달음은 제 인생 최대의 충격이었습니다. 저는 돈을 쓸 수 있는 곳에는 다 써 봤습니다. 하지만 그러는 동안 진짜 사람은 단 한 명도 만나지 못했다는 생각이 들더군요. 우리는 다 배우였습니다. 직원들은 제게 친절하게 구는 배역을 맡았고 저는 대단한 사람의 배역을 맡은 거죠. 아무도 진짜 사람이 아니었어요."

라베더는 전 재산을 기부한 뒤로 "무거움과 정반대로 자유로움"을 느꼈다고 말했다.[9] 세상에서 가장 큰 짐을 지고 살아가는 사람들 중에는 가난한 사람들 못지않게 부자들도 많다. 예수님은 이렇게 말씀하셨다. "너희 가난한 자는 복이 있나니 하나님의 나라가 너희 것임이요"(눅 6:20).

카를 라베더는 물질적인 부가 인생의 모든 문제에 해법이 아니라는 점을 보게 도와준다. 그리고 스스로 가난하셨던 예수님은 가난한 사람들이 거들먹거리며 푼돈이나 던져 줄 대상이 아니라는 점을 보게 도와주신다.

가난한 사람들은 단순히 자선의 수혜자들이 아니다. 가난한 사람들은 세상에 줄 독특한 뭔가를 갖고 있는 사람들이다. 가난한 사람들은 우리에게 자족이라는 치명적인 환상 없이 사는 법을 보여 준다. 그리고 우리를 위해 가난해지신 예수님의 다음 말씀에서처럼 궁핍에 자리에서만 우리는 쉽고 가벼운 자유를 발견할 수 있다.

> "수고하고 무거운 짐 진 자들아 다 내게로 오라 내가 너희를 쉬게 하리라 나는 마음이 온유하고 겸손하니 나의 멍에를 메고 내게 배우라 그리하면 너희 마음이 쉼을 얻으리니 이는 내 멍에는 쉽고 내 짐은 가벼움이라"(마 11:28-30).

가난한 이웃들을 돌보는 일에 참여하면 유일하게 참된 구원은 우리의 밖에서 온다는 사실, 참된 구원은 우리의 생각만큼 강하지도 자족하지도 않다고 겸손히 인정할 때만 찾아온다는 사실을 깨닫게 된다. 가난한 이웃들을 돌보는 일에 참여하면 하나님의 나라에서는 올라가는 길이 곧 내려가는 길이며 영적 파산의 자리에서만 영적 부를 얻을 수 있다는 사실을 배울 수 있다. 약한 사람들의 얼굴과 사연을 통해 예수님은 지친 모든 이들에게 그분께 와서 쉬라고 손짓하신다.

이사야 선지자는 이렇게 말했다. "오호라, 너희 모든 목마른 자들아 물로 나아오라 돈 없는 자도 오라 너희는 와서 사 먹되 돈 없이, 값없이 와서 포도주와 젖을 사라 내게 듣고 들을지어다 그리하면 너희가 좋은 것을 먹을 것이며 너희 자신들이 기름진 것으로 즐거움을 얻으리라"(사 55:1-2).

물질적인 부가 궁극적인 '축복'이고 물질적인 빈곤이 궁극적인 '저주'인 것처럼 맹목적으로 살아가는 우리, 예수님은 그런 우리에게 눈을 떠서 제대로 보라고 촉구하신다. 예수님은 우리가 상황을 얼마나 쉽게 거꾸로 보는지 삶과 말씀으로 똑똑히 보여 주셨다. 사기꾼, 창녀, 나병환자, 노숙자, 물질적으로 가난한 자들이 명예와 권세를 추구했던 교만하고 자족한 서기관과 바리새인보다 그리스도의 나라에서 더 편안함을 느낀다.

　　실제로 부자가 하나님의 나라, 참된 복의 영역으로 들어가는 것은 낙타가 바늘귀를 통과하는 것보다도 힘들다. 하지만 사람으로서는 불가능한 것이 하나님께는 얼마든지 가능하다(마 19:24-26).

　　찬송가 가사처럼 "예수님이 요구하시는 유일한 자격은 그분의 필요성을 느끼는 것이네."[10]

하나님이 주신
그 자리에서
최선을 다하라

'월요일'이 '일요일'과 전혀 상관없는 날인 것처럼 살아가는 크리스천이 너무 많다는 사실이 목회자로서 이해가 안 갈 때가 너무도 많다. 많은 크리스천들이 그리스도 안에서의 삶이 직업적인 삶까지 변화시켜야 한다는 성경적인 자각 없이 세상 속으로 무작정 돌진한다. 이것은 단순히 기회를 놓치는 문제가 아니라 제자도와 사명에 대한 심각한 오해가 깊이 뿌리를 내리고 있다는 증거이다.[1]

일터에서 기쁨, 목적 의식, 사명감으로 일하는 크리스천들은 우리의 믿음에 거부할 수 없는 매력을 더하기 위해 절대 없어서는 안 되는 요소이다. 직원과 동료, 상사들이 우리가 일하는 모습에서 복음의 영향을 보기 시작한다면 세상의 '빛과 소금'이라는 우리 소명의 길에서 성큼 더 앞으로 나아갈 수 있다.

세상 누구보다도 크리스천들이 일이 곧 사명이라는 이 비전을 품어야 할 강한 이유가 있다. 그리스도가 자신의 삶, 죽음, 장사, 부활을 통해 우리를 구원하고 회복시키고 새롭게 하기 위해 부단히 또 기쁘게 일하셨기 때문이다. 우리는 하나님의 세상을 구하고 회복시키고 새롭게 하기 위해 일할 책임이 있다. 그리스도가 우리를 위해 일하셨다는 사실을 제대로 이해한다면 그분의 이름에 먹칠을 하지 않도록 일터에서 누구보다 모범적인 일꾼이 되어 좋은 성과를 내고, 우리의 일에 영향을 받는 모든 사람에게 생명을 주어야 한다는 의식을 품고, 자신의 잠재력을 이루기 위해 최선을 다할 수밖에 없다.

우리의 일을 향한 이런 비전은 실로 매력적이다. 하지만 이 비전의 실현이 불가능하게 보이게 만드는 요인들이 있다.

온 세상이 원하는 것

딱 한 가지 소원만 빌 수 있다면 무엇을 빌 것 같은가? 평안과 행복이라고 생각하는가? 재정적인 안정? 화목한 가정? 부모의 뜻대로 잘 자라 주는 자녀와 건강? 당신이라면 무슨 소원을 빌겠는가?

최근 갤럽 조사의 결과에 따르면 전 세계적으로 50억 명의 경제 활동 인구가 가장 원하는 것이 드러났다. 세상 사람들이 음식이나 보금자리, 안전, 평화보다 더 원하는 것은 바로 좋고 의미 있는 일이다. 관련 기사를 읽어 보자.

"갤럽은 좋은 직장을 일주일에 30시간 전후로 일하고 월급이 꼬박꼬박 나오는 직장으로 정의한다. '최고의' 직장은 사장이 우리의 발전에 관심을 갖고, 매일 자신의 강점을 십분 발휘할 수 있고, 자신의 일이 뭔가에 기여한다는 확신을 가질 수 있는 직장이다. 다시 말해, 자신의 일이 중요하고, 그래서 자신의 '삶'이 중요하다는 확신을 얻을 수 있는 직장이 최고의 직장이다."[2]

이렇게 세상 모든 사람이 좋은 일을 갈망하지만 대부분의 사람들에게 그런 일은 먼 나라 얘기처럼 들릴 뿐이다. 사실, 일과 관련해서는 전 세계적으로 심각한 위기에 처해 보인다. 또 다른 갤럽 조사에 따르면 대부분의 사람들이 생계를 위해 하는 일을 극도로 싫어한다. 일을 하는 인구의 무려 87퍼센트가 일할 때 의욕이 없고 불행을 느낀다.[3]

영화 〈뛰는 백수, 나는 건달〉(Office Space)에서 주인공 피터 (Peter)는 지루하고 수준 낮은 자신의 일에 의욕이 없고 불만이 가득하다. 견디다 못한 그는 도움을 받고자 최면 치료사를 찾아간다. 그는 치료사에게 자신의 고통을 토로한다.

"매일 칸막이 안에 앉아 있다가 문득 이런 생각이 들었습니다. 일을 시작한 뒤로 인생의 모든 날이 전날보다 나빴다는 겁니다. 그러니까 매일이 제 인생 최악의 날인 거죠."[4]

피터는 수준 낮은 일을 하고 매일 칸막이 안에 갇혀 있기 때문에 일터에서의 지위가 문제라고 생각했다. 하지만 직업적 불만족은 말단 직원들에게만 국한되지 않는다. 세상이 성공했다고 말하는 '최상위층'에도 자신의 일에 대해 깊은 불만족을 겪고 있는 이들이 많다. 이는 오늘날만의 독특한 현상이 아니다. 수천 년 전 세상의 기준에서 엄청난 성공을 거둔 한 남자도 깊은 불만족을 토로했다. "사람이 해 아래에서 행하는 모든 수고와 마음에 애쓰는 것이 무슨 소득

이 있으랴 일평생에 근심하며 수고하는 것이 슬픔뿐이라. 그의 마음이 밤에도 쉬지 못하나니 이것도 헛되도다"(전 2:22-23).

〈뛰는 백수, 나는 건달〉의 피터와 달리, 전도서 기자는 세상에서 말하는 모든 기준에서 성공을 거둔 인물이었다. 그는 위대한 작품을 만들고, 거대한 집을 짓고, 과실이 풍성한 정원을 가꾸고, 자신의 식솔들을 위해 아름다운 공원을 조성했다(전 2:4-11). 자수성가의 표본이요 번영과 출세, 명성, 부, 세상적인 위대함의 상징이었다. 하지만 세상의 꼭대기에서도 그는 자신의 삶을 "슬픔"으로 표현했다. 여기서 슬픔은 괴롭고 짜증스럽고 답답하다는 뜻이다. 슬픔은 깊은 비탄이나 분노를 의미한다. 그는 현재의 자리에 이르기까지 열심히 일해 온 과정에 깊은 만족을 느끼기는커녕 자신이 고생하는 것에 분노하고 절망하며, 무엇보다도 일 때문에 자신의 삶이 공허하고 허망하다고 말한다(전 2:17-26).

실리콘 밸리라는 골짜기

2015년 〈비즈니스 인사이더〉(*Business Insider*) 잡지는 마르쿠스 페르손(Markus Persson)에 관한 기사를 실었다. 전 세계적으로 선풍적인 인기를 끈 게임 '마인크래프트'(Minecraft)를 개발한 페르손은 2억 5천만 달러에 회사를 매각함으로 우리 시대에 가장 부유하고 성공적인 기업가 중 한 명임을 증명해 보였다. 회사 매각 후 그는 7천만 달러짜리 대저택을 사들이고, 하루가 멀다 하고 화려한 파티와 최고급 럭셔리 휴가, 세계 여행을 즐기고 유명인사들과 자주 어울리며 꿈같은 세월을 보냈다.

그런데 세상에서 가장 행복해 보이는 성공의 정점에서 그는 SNS에 전도서를 연상케 하는 글을 올렸다. "모든 것을 가진 것의 문제점은 계속 노력할 이유가 사라진다는 것이다. 많은 친구들과 어울리고 유명인사들과 파티를 하고 뭐든 원하는 대로 하지만 전에 없이 외롭다."[5]

일전에 한 친구가 실리콘 밸리의 업무 문화에 관한 글을 내게 보내왔다. 그 글은 마르쿠스 페르손 같은 사람이 한두 명이 아님을 보여 준다. 오랫동안 첨단 기술 업계에서 성공한 혁신자이자 조직 리더로 살아온 저자는 실리콘 밸리에 물질적 부가 넘쳐나지만 그곳의 일꾼들은 다른 종류의 빈곤에 시달리고 있다고 주장했다. 그들은 물질적인 빈곤이 아니라 개인적인 야망, 무자비한 경쟁, 비인간적인 근무 시간, 조직 차트에서 위에 있는 사람들을 향한 시기심, 끝을 모르는 욕심에서 비롯한 관계적, 정신적, 정서적 빈곤에 시달리고 있다. 저자에 따르면 이들은 실리콘 밸리의 "노동 계층 백만장자들"이다. 그들은 막대한 현금을 손에 쥐고도 돈이 '부족'하다며 불안에 떨고 있다.[6]

하루아침에 부와 명성을 거머쥔 팝 그룹 데스티니스 차일드

(Destiny's Child)의 미셸 윌리엄스(Michelle Williams)도 비슷한 말을 했다. "저는 역대 최고의 음반 판매량을 자랑하는 여성 그룹 중 하나의 멤버인데도 우울증에 시달리고 있었죠. 당시 매니저한테 이 사실을 털어놓으니까 이런 식으로 이야기하더라고요. '방금 수백만 달러짜리 계약을 했고 곧 투어를 시작할 거야. 도대체 우울할 이유가 뭐가 있어?'"[7]

요지는 이것이다. 칸막이 안에서 수준 낮은 일을 하든 중역 사무실에서 커다란 책상 앞에 앉아 있든, 쥐꼬리만 한 월급을 받든 억대 연봉을 받든, 아무도 알아 주지 않는 일을 하든 구름처럼 많은 팬 앞에서 자신을 뽐내든 상관없이, 〈뛰는 백수, 나는 건달〉의 피터, 전도서 기자, 마르쿠스 페르손, 미셸 윌리엄스, 실리콘 밸리의 이야기는 우리 모두의 이야기이다. 일터에서의 실패만이 아니라 성공도 우리를 회의, 슬픔, 무의미, 심지어 절망감으로 몰아갈 수 있다.

도대체 왜일까? 특히, 다른 사람보다 상대적으로 성공한 사람들도 왜 이런 감정을 느끼는가? 우리의 일 자체가 의미가 없어서 그런 것인가? 우리가 너무 적게 일하기 때문인가? 너무 많이 일하기 때문인가? 자신의 진정한 잠재력을 제대로 이루지 못하고 살기 때문인가? 아니면 일을 바라보는 우리의 시각에 구속적이고 창조적이고 성경적인 상상이 빠져 있기 때문일까?

영국인 작가 도로시 세이어즈는 후자가 문제이며, 현대 교회가 전반적으로 이런 위기에 처해 있다고 말한다. 세이어즈에 따르면,

교회는 교인들에게 좋은 직업적 상상을 길러 주기보다는 일과 종교가 분리되어 많은 면에서 각기 상호배타적인 별개의 범주들이 되게 만들었다. 그녀의 말을 들어보자.

"세속적인 직업을 이해하고 존중하지 못한 것만큼 교회가 현실을 철저히 놓친 부분도 없다. 교회는 일과 종교가 각기 별개의 분야가 되게 만들어 놓고서, 세속적인 일이 철저히 이기적이고 파괴적인 목적으로 변하고 많은 지적 노동자들이 비종교적이거나 최소한 종교에 관심이 없어진 것에 놀라고 있다. 하지만 이것이 놀랄 만한 일인가? 자기 삶의 10분의 9에 아무런 관심도 없어 보이는 종교에 관심을 가질 사람이 어디에 있는가!"[8]

우리는 세이어즈의 진단에 따라 스스로에게 물어야 한다. "우리의 일이 신앙과 어떤 관계가 있고, 신앙이 우리의 일과 무슨 관계가 있는가?"

자원 봉사를 하든 고용되어서 하든, 집, 사무실, 지역 사회, 설교단 뒤, 무대 위, 먼지가 흩날리는 공사판, 그 어디에서 하든 우리가 하는 '모든' 일에 대해 이 질문을 던져야 한다.

그 외에 이런 관련 질문이 필요할 수 있다. "좋은 일이 온 세상이 가장 원하는 것이지만 크리스천들이 신앙과 일 사이에서 거의 연관성을 보지 않기 때문에 그들의 사정도 별로 다르지 않다면, 과연 세상이 우리 크리스천들의 신앙을 거부할 수 없이 매력적인 것이라고 말할 수 있을까?"

크리스천들을 비롯해서 대다수의 사람들이 자기 일에 의욕 대신 지루함과 좌절, 답답함을 느끼고 있다면 도대체 표면 아래서 무슨 일이 벌어지고 있는 것인가? 그 상황을 어떻게 해 볼 수 있을까? 더 만족스럽고, 더 생명을 주고, 하나님과 이웃을 더 사랑하는 방향으로 나아갈 방법이 있을까?

무엇보다도 가장 중요한 단계는 일에 관한 성경적인 상상을 회복하는 것이다. 하지만 신앙과 일의 통합에 관한 자료를 찾아서 보기에 앞서 일을 인간 존재, 특히 그리스도 안에서의 삶에 주변적인 것이 아니라 중심적인 것으로 보는 시각의 회복이 시급하다. 생각해 보라. 대부분이 일주일에 40시간 이상, 평생 8만 시간을 어떤 종류든 일에 사용하고 있다면 그리스도의 제자라는 우리의 정체성이 그런 시간에 어떤 영향을 미치고 우리의 일이 세상에 어떤 영향을 미치고 있는지에 관해서 고민하지 '않을' 수 없다.

열심히 일하는 이유

성경은 이 이유를 분명히 밝혀 준다. 인간은 핏속에 일의 유전자가 흐르고 있기 때문에 일해야만 한다. 하나님의 형상을 품은 자로서 우리는 애초에 '일적인' 존재로 설계되고 창조되었다.

우리에게 형상을 주신 분인 하나님이 성경에서 가장 먼저 밝혀 주신 그분의 정체성이 바로 일꾼이라는 점에 관해서 생각해 본 적이 있는가? "태초에 하나님이 … 창조하시니라."

그렇다. 만물의 조물주이신 하나님은 첫날에 생명에 적합한 물, 땅, 바다를 창조하심으로써 근무를 시작하셨다. 이어진 날들에 그분은 식물, 육지 생물, 새, 물고기, 그리고 이어서 피조물의 꽃인 남자와 여자를 지으셨다. 그렇게 모든 일을 마치신 하나님은 지으신 모든 것을 바라보며 심히 좋다고 선포하셨다(창 1:31). 하나님은 자신의 작품을 무척 자랑스러워하셨다.

하지만 일은 하나님에게서 끝나지 않았다. 하나님은 만물을 창조하신 뒤 아담과 하와를 에덴동산에 두고서 그곳을 돌보고 가꾸는 문화 창출의 일을 하라고 명령하셨다. 사람과 장소를 비롯한 만물의 발전과 번영을 위해 그들을 관리자요 돌보미로 세우셨다. 그때부터 그들은 하나님이 지으시고 사랑하시는 세상을 하나님 대신 다스리기 시작했다(창 2:15). 하나님이 타락과 저주가 일어나기 후가 아니라 '전에' 일을 인간 삶의 필수적인 부분으로 정하셨다는 사실이 매우 중요하다. 낙원에도 일이 있었고 그 일은 좋은 것이었다. 그리고 일은 지금도 여전히 좋은 것이다.

일, 즉 쉼과 놀이 외에 모든 생산적인 활동은 하나님의 형상을 품은 우리에게 만족감과 성취감을 준다. 일은 하나님이 세상을 구속하고 회복시키고 개발하는 사명에 우리를 참여시켜 주시는 주된 방법 중 하나다.

신앙과 일에 관한 크리스천들의 상상을 돕기 위해 무던히 애를 써온 팀 켈러는 역사(history=그분의 이야기, his-story)가 동산에서 시작되어 도성에서 끝난다는 점을 자주 강조한다. 하나님이 기뻐하신 에덴동산에는 아직 개발되지 않은 막대한 잠재력이 있었다. 그래서 하나님은 남자와 여자에게 받은 원재료를 잘 가꾸고 개발하고 관리하라고 명령하셨다. "생육하고 번성하여 땅에 충만하라, 땅을 정복하라"(창 1:28).

역사의 끝에서는 전혀 다른 그림이 펼쳐진다. 더 완성되고 개발된 모습이다. 하나님의 거룩한 도성인 새 예루살렘이 포함된 새 하늘과 새 땅에서 모든 것이 정점에 이른 모습이다(계 21:1-2).

하나님과 우리의 역사의 이 에덴과 새 예루살렘이 왜 그토록 중요할까? 이것은 우리가 아직 개발 중인 세상에서 살고 있다는 뜻이기 때문이다. 또한 이것은 우리가 이 세상에서 하는 모든 창조적이고 구속적인 일이 크든 작든 하나님의 우주적인 사명에 대한 의미 있는 기여라는 뜻이다. "그러므로 내 사랑하는 형제들아 견실하며 흔들리지 말고 항상 주의 일에 더욱 힘쓰는 자들이 되라. 이는 너희 수고가 주 안에서 헛되지 않은 줄 앎이라"(고전 15:58).

나는 우리 교인들에게 그들이 매일 하는 일이 선교사와 목사의 일만큼이나 하나님의 일이라는 점을 자주 상기시킨다. 도로시 세이어즈의 요지를 다시 사용하자면, 크리스천의 관점에서는 성속이 절대 분리되지 말아야 한다. 교회와 선교 단체, 정부, 사회 봉사, 가정, 사업체, 의료, 체육, 예술, 엔터테인먼트까지 세상의 모든 부분이 다 우리 아버지의 세상이다. 따라서 그리스도의 제자들은 모든 좋은 산업과 분야에서 열심을 다해 일함으로 세상 구석구석까지 유익을 끼쳐야 한다. 그렇게 거부할 수 없는 그리스도의 향기를 뿜어 내야 한다. 하나님은 아담과 하와에게처럼 우리에게도 일을 통해 세상을 사랑하고 섬기고 축복할 책임을 지우셨다.

또한 우리는 하나님의 형상을 품고 있기 때문에 우리가 번영하고 하나님의 세상에서 그분의 일꾼으로서 우리의 소명을 이루기 위해서 일이 필요하다. 당시는 관계부터 자연과 일까지 모든 것을 망가뜨린 아담과 하와의 타락이 아직 일어나지 않은 때였다. 그렇다면 일은 이상적인 인간 삶의 일부요 하나님의 첫(그리고 최종적인) 낙원의 자연스러운 일부였다. 최고의 창조자이자 회복자이신 하나님을 따라 뭔가를 창출하거나 회복시키는 일을 하기 전까지는 우리는 온전히 번영할 수 없다. 모든 크리스천의 공통적인 일은 하나님의 세상을 더 좋게 만들기 위해 자신의 시간과 에너지, 사고력, 자원을 투자하는 것이다. 이 일에 직접 참여하기 전까지는 우리는 온전히 번영할 수 없다.

바로 이것이 아이들이 매일 본능적으로 크레파스와 종이 혹은 레고 블록으로 '일을 하는' 이유이다. 바로 이것이 우리가 은퇴해서도 뭔가 일을 찾지 않으면 만족하지 못하는 이유다. 우리는 하나님을 닮아 창조하고 회복시키도록 창조되었으며, 그 과정에서 사람과 장소, 사물, 자연을 더 좋게 가꾼다.

'그냥' 일이 아닌, 역사를 쓰고 있다

자기 일의 가치를 의심하는 사람들은 새로운 뭔가를 창출하거나 망가지거나 부족한 뭔가를 개선하는 모든 일이 이 세상에서 계속해서 펼쳐지고 있는 하나님의 창조 사역과 교차하기 때문에 영광스럽고 존엄하다는 점을 이해해야 한다. 그 모든 일은 하나님의 동산을 거룩한 도성으로 변화시켜가는 일이기 때문에 영광스럽다. 하지만 자신의 직업이 정말로 좋은 일인지를 어떻게 판단할 수 있을까?

답은 간단하다. 모든 사람과 모든 장소, 모든 것을 전보다 더 좋게 만드는 일이면 좋은 것이다. 인간의 도성을 진리, 아름다움, 선함, 질서, 정의가 가득한 하나님의 도성으로 조금이라도 더 변화시키는 일이라면 다 좋은 것이다. 이런 일에는 크리스천들의 선한 일이 포함된다. 동시에 비신자들이 행하는 선한 일도 포함된다.

음악을 생각해 보라. 음악을 만드는 일은 소리와 말이라는 원재료를 일관된 전체로 형성하는 작업을 포함한다.[9] 연결되지 않은 무작위적인 소리와 말이 정교하게 배치되면 우리 삶에 질서를 더

하고, 깊은 현실을 느끼게 하고, 영혼에 감동을 주고, 상처를 치유하고, 소망을 주는 힘이 있다. 평생 암울하고 냉소적인 세계관 속에서 허우적거렸던 니체도 음악에 대해서는 "흥이 절로 일어난다"[10]와 "음악 없는 인간 삶은 실수다"[11]와 같은 말을 했다.

양육이라는 일을 생각해 보라. 아버지와 어머니는 자녀의 육체와 정서, 정신, 인지를 비롯한 수많은 부분에 깊이 영향을 미친다. 안타깝게도 우리 문화는 이 소중하고도 희생적인 소명을 대수롭지 않게 여기는 경향이 있다. 양육, 특히 전업주부의 양육은 중요한 일로 취급을 받지 못하는 경우가 많다. 하지만 무급으로 하는 이 일은 막대한 돈과 명예가 따르는 일만큼이나 의미 있고 귀중한 일이다. 양육은 그 자체로 좋고 아름답고 꼭 필요한 일이기 때문에 다른 모든 직업적 소명과 함께 가치 있게 여겨 존중해야 한다. 명심하라. 하나님은 부모에 대한 공경을 십계명에 포함시킬 만큼 양육의 일을 중요하게 보셨다(출 20:12).

미국의 저널리스트이자 운동가인 도로시 데이(Dorothy Day)는 어머니로서의 소명을 진정으로 소중히 여겼다. 딸의 탄생을 회상하며 쓴 다음 글을 보면 그것을 알 수 있다.

"내가 가장 위대한 책을 쓰거나 가장 위대한 교향곡을 작곡하거나 가장 아름다운 그림을 그리거나 가장 정교한 조각상을 조각했다 해도 내 아이를 처음 품에 안을 때만큼 훌륭한 창조자가 된 기분을 느끼지는 못했을 것이다."[12]

청소 일을 생각해 보라. 몇 년 전 조(Joe)라는 사람을 만났던 기억이 난다. 서로에게 궁금한 것을 묻다가 내가 "그런데 무슨 일을 하세요?"라고 물었을 때 그의 대답을 잊을 수가 없다. "그냥 바닥 쓰는 일을 해요."

뭐라고? 그냥이라니! 그냥 바닥 쓰는 일이나 한다고? 어떻게 자신의 일에 "그냥"이란 표현을 쓰는가? 비록 많은 봉급과 인정을 받지 못해도 사회를 위해 자신만이 할 수 있는 일을 열심히 하는 청소부나 간병인, 진열대 담당자, 수리공, 어머니와 아버지, 재봉사, 식당 종업원, 경찰관, 자료 입력 직원, 건설 현장 노동자, 자동차 정비공이 없다면 세상이 어떻게 될까?

예수님이 이 땅에서 선택하신 직업도 상대적으로 인정과 봉급을 덜 받는 직업들을 가치 있게 여겨야 한다는 점을 보여 준다. 많은 사람이 예수님을 세상의 왕으로 삼고자 했지만 예수님은 주로 목사와 종, 선생, 치유자로 하나님과 이웃을 섬기는 편을 선택하셨다. 이 사실은 중요한 직업과 중요하지 않은 직업을 나누는 계급 체제가 얼마나 어처구니없는지를 보여 준다.

조의 일을 비롯해서 모든 일에 관한 정말 중요한 두 진술을 소개한다(누가 한 말인지는 알려져 있지 않다).

"부엌을 청소하는 하녀는 기도하는 수사만큼이나 하나님의 뜻을 행하는 것이다. 그것은 그 하녀가 바닥을 쓸면서 기독교 찬송을 부르기 때문이 아니라 하나님이 깨끗한 바닥을 좋아하시기 때문이다.

크리스천 제화공은 신발에 작은 십자가를 붙임으로써가 아니라 좋은 신발을 만듦으로써 크리스천의 의무를 한다. 그것은 하나님이 좋은 솜씨를 흐뭇해하시기 때문이다."

1962년 존 F. 케네디(John F. Kennedy) 대통령이 나사 우주 센터(NASA Space Center)를 방문했을 때 있었던 이야기이다. 우주 센터에서 케네디는 빗자루를 들고 있는 한 남자를 보고서 발걸음을 멈췄다. "안녕하십니까? 지금 뭘 하고 계신가요?"

"네, 각하, 저는 인간을 달에 보내는 일을 돕고 있습니다."

이 나사 청소부는 모든 일, 특히 자기 일의 본질을 정확히 꿰뚫고 있었다. 그는 단순히 빗자루로 바닥을 쓰는 것이 아니라 역사를 쓰고 있었다.[13]

역사는 동산에서 시작했고 도성에서 끝날 것이다. 모든 직업(vocation: 이 단어 자체가 '부르다'를 뜻하는 라틴어 '보카레[vocare]'에서 파생했다)은 동산을 거부할 수 없는 매력을 지니고 생명을 주는 도성으로 변화시키라는 하나님의 부르심(calling)이다. 우리의 일을 통해 이 과정에 참여할 때 우리는 '그냥' 뭔가를 하는 것이 아니라 우리는 역사를 쓰고 있는 것이다.

사명의 의미에 관해 다시 생각하라

저자이자 신학자였던 프레드릭 비크너(Frederick Buechner)는 우리의 일이 소명의 중요한 부분이며 모든 좋은 일이 세상의 필요로 인해 존재한다고 말했다. "하나님이 당신을 부르시는 곳은 당신의 깊은 만족과 세상의 깊은 굶주림이 만나는 곳이다."[14]

우리는 일을 통해 '하나님'의 일에 참여한다. 다시 말해, 우리는 이 세상에서 하나님의 창조와 회복 사역을 실행하는 일에 참여한다. 하나님의 형상을 품은 자로서 우리가 뭔가를 창출하고 회복시킬 때마다 사람과 장소를 비롯한 세상을 더 좋게 만드시는 하나님의 사역에 참여하는 것이다.

구체적으로 어떤 면에서 그러한가? 어머니들은 하나님의 돌보심을 펼친다. 예술가와 기업가들은 하나님의 창의성을 펼친다. 정부 지도자들과 기업 중역들은 하나님의 통치를 펼친다. 의료 전문인과 상담자들은 하나님의 치유하시는 손길을 펼친다. 교육가들은 하나님의 지혜와 지식을 펼친다. 비영리 봉사단체 일꾼들은 하나님의 자비와 연민을 펼친다. 패션 디자이너들은 하나님의 아름다움을 펼친다. 변호사와 판사들은 하나님의 정의를 펼친다. 마케터와 광고 전문가들은 하나님의 전도 열정을 펼친다. 작가와 영화 제작자들은 하나님의 드라마를 펼친다.

우리가 이 세상에서 하나님께 받은 일을 열정과 창의성으로 해 내면 우리의 믿음이 거부할 수 없는 매력을 발하고, 그럴 때 하나님 자신이 거부할 수 없이 매력적이라는 사실을 온 세상이 똑똑히 보게 된다.

우리가 모든 좋은 일을 목사와 선교사의 일만큼이나 하나님의 사명의 일부로 본다면? 우리가 '사명'의 의미를 완전히 새롭게 보기 시작한다면? 우리가 하나님의 일을 위해 목사와 선교사를 위임하고 파송하는 것처럼 예술가, 의사, 주부, 교육가, 바리스타, 운동선수, 부모, 중보자, 변호사, 조경사, 판매원을 위임하고 파송한다면? 매들 렌 렝글(Madeleine L'Engle)은 이런 말을 했다. "너무 세속적이어서 성 스러워질 수 없는 것은 없다. 이것이 성육신의 가장 깊은 메시지 가 운데 하나이다."[15]

이와 비슷하게 내슈빌신앙일협회(Nashville Institute for Faith and Work) 대표 미시 월리스(Missy Wallace)는 최근 내게 예수님이 삶의 대 부분을 공생애가 아닌 목수로 일하며 보내셨다는 사실을 상기시켜 주었다. 뿐만 아니라 예수님의 가르침을 들은 수천 명 중 대부분이 '전임 목회'로 나서는 대신 기존의 직업을 '유지'했다.

그러니 제발 자신의 일은 물론이고 그 누구의 일에 대해서도 '그냥'이란 표현을 붙이지 말라. 그 일이 다른 일보다 덜 가치 있고 덜 중요한 것처럼 말하지 말라. 직업의 귀천을 따지지 않는 것이 대 부분이 고등교육을 받지 못하고 부나 명성과 거리가 먼 일을 했던 제자들에게 기독교가 거부할 수 없는 매력으로 다가온 이유 중 하나이지 않을까? 복음 안에서는 모든 사람이 평등한 것처럼 모든 직업도 평등하다. 모든 직업의 가치가 동일하다.

완벽할 수는 없다

앞서 보았듯이 하나님은 창조 사역을 마치신 후 지으신 모든 것을 보고 심히 좋다고 감탄하셨다. 하나님은 자신의 작품을 보며 자축하셨다. 만족해하셨다. 우리는 이런 하나님의 형상을 품고 있기 때문에 자신의 일을 자랑스러워하도록 창조되었다.

하지만 동시에 뭔가가 단단히 잘못되었다. 하나님과 달리 우리는 일을 망치고 일은 우리를 실망시킨다. 우리의 의욕이나 기술, 능력이 부족해서 일을 진정 만족스럽게 해내지 못할 때가 많다. 심지어 최상의 일도 누군가 혹은 뭔가가 그것을 망쳐 놓는 바람에 기쁨이 좌절로 변해 버리는 경우가 허다하다. 최선을 다해 세차한 자동차가 망가진다. 최선을 다해 키운 아이들이 어리석은 선택을 한다. 최선을 다해 가르친 교인들이 하나님과 서로에게 죄를 짓는다. 최선을 다해 가꾼 잔디에서 잡초가 자란다. 최선을 다해 지은 집, 하지만 지붕이 샌다. 최선을 다해 만든 음식이 상한다. 공들인 투자가 실패한다. 최선을 다해 만든 최고의 곡이지만 받아주는 곳이 없다. 최선을 다해 몸을 가꿔 보지만 늙고 병들고 상처를 입는다.

이 현실에는 신학적 이유가 있다. 아담과 하와가 하나님으로부터 독립을 추구한 이래로, 피조 세계의 다른 모든 좋은 것들과 마찬가지로 일도 저주 아래 놓이게 되었다. 하나님은 아담에게 이렇게 선포하셨다. "땅은 너로 말미암아 저주를 받고 너는 네 평생에 수고하여야 그 소산을 먹으리라 땅이 네게 가시덤불과 엉겅퀴를 낼 것이라 … 네가 흙으로 돌아갈 때까지 얼굴에 땀을 흘려야 먹을 것을 먹으리니"(창 3:17-19).

이 우주적 저주로 인해 정말 탁월한 솜씨로 일을 하는 사람들도 원하는 만큼의 결과가 나오지 않아 좌절하기 일쑤이다. 우리는 일을 하려는 태곳적 본능과 일을 완벽하게 할 수 없는 한계 사이에서 불만족을 경험한다. 이번 장의 앞에서 살핀 전도서 기자의 좌절, 〈뛰는 백수, 나는 건달〉의 주인공 피터의 권태와 좌절, 실리콘 밸리 백만장자들의 불만족이 다 저주의 결과이다.

어떤 면에서 우리 모두는 그리스 신화의 시시포스와 같다. 우리의 현실을 생각하면 그의 이야기는 전혀 신화처럼 보이지 않는다. 시시포스는 이기적인 야심과 거짓으로 인해 영원한 형벌의 저주를 받았다. 그의 벌은 거대하고 무거운 바위를 언덕 꼭대기까지 밀어 올리는 것이었다. 꼭대기가 코앞에 이를 때마다 바위는 다시 언덕 아래로 굴러 떨어졌다. 그는 좌절감만 안겨 주는 이 일을 영원토록 반복해야 할 운명이었다.

시시포스의 형벌이 남의 일 같지 않지 않은가? 아담의 타락 이

후에 선포된 저주(창 3:17-19)로 인해 좌절의 쓴맛을 보다보면 시시포스가 된 기분을 느낄 수밖에 없다. 실제로 우리의 운명은 시시포스와 같은 것일까? 평생 애를 쓰지만 그 모든 노력은 결국 헛된 것일까? 우리가 밀어올린 돌은 결국 언덕 아래 바닥으로 도로 떨어져 버릴 뿐일까?

아니면 우리의 일과 관련해서 더 크고 더 밝고 더 희망적인 이야기가 전개되고 있는 것일까? 하찮고 무익하고 무의미해 보이는 우리의 일에 소망을 더해 주고 그런 일조차 거부할 수 없는 믿음으로 할 수 있게 해 주는 이면의 이야기가 전개되고 있는 것일까?

예수님의 좌절된 일

성경에서 우리는 평생의 노력이 실패로 끝난 것처럼 보이는 한 인물을 발견할 수 있다. 그 인물은 바로 '예수님'이시다. 물론 예수님은 세상에 다시없을 리더이셨다. 동기와 사명에서 일말의 '흠조차 없는' 리더이셨다. 예수님은 꼬박 3년 동안 열두 명의 제자에게 자신의 전부를 쏟아 부으셨다. 하지만 강도 높은 3년의 교육 끝에 가룟 유다는 겨우 동전 몇 푼에 예수님을 팔았고, 베드로는 그분을 세 번이나 노골적으로 부인했다. 예수님의 가장 어두운 시간에 제자들은 한 명도 남김없이 그분을 버리고 도망쳤다. 믿음의 주요 온전하게 하시는 이이신 예수님이 그토록 많은 열정을 쏟아 부어 키운 제자들에게 "믿음이 작은 자들아"라는 표현을 사용하실 때마다 심정이 어떠하셨을까? 부활하셔서 500명이 넘는 사람들 앞에 나타나신 '후에' 겨우 120명의 제자만 남았을 때 그분의 심정이 어떠하셨을까?(행 1:15; 고전 15:6)

말씀으로 은하계를 존재하게 하실 만큼 전능하신 예수님조차 영혼을 구원하고 사람과 장소를 비롯한 세상을 회복시키는 일에서 시시포스와 같은 좌절감을 맛보셔야 했다. 거부할 수 없는 매력에도 불구하고 세상은 그분을 죽이기까지 거부했다. 그렇다면 그분보다 훨씬 덜 강하고 훨씬 덜 완벽한 우리는 그보다 더 심한 좌절을 기대해야 마땅하지 않을까? 언젠가 새 하늘과 새 땅에서 모든 신음을 잠재우실 분도 신음하셔야 했다면 우리는 당연히 신음할 수밖에 없지 않은가?

하지만 성경의 이야기가 정말로 하나님이 쓰시는 이야기라면 우리는 그 이야기의 마지막 장이 아직 시작도 되지 않았다는 사실에서 위로를 얻을 수 있다. 사실, 지금 우리는 하나님의 책에서 겨우 단 한 장의 한 문단 속 한 문장에 해당하는 지점에서 살고 있다. 이 문장은 번영과 생명, 평안보다 신음이 가득한 문장이다. 하지만 최상의 순간이 다가오고 있다.

포기하고 싶을 때마다

J. R. R. 톨킨이 일에 관한 자신의 좌절감을 다루기 위해 짧은 이야기 한 편을 썼다. 그 이야기는 '니글의 이파리'(Leaf by Niggle)다.

시청 한 면에 벽화를 그리는 일을 맡은 한 예술가에 관한 이야기이다. 니글은 길이 기억될 형형색색의 커다란 나무 벽화를 완성하기 위해 예술가로서의 남을 삶을 쏟아 부었다. 하지만 결국 이파리 하나만 그린 채 아쉬운 생을 마감하고 말았다. 그런데 천국으로 향하는 열차 안에서 차창 밖을 내다보던 그의 눈에 저 멀리 어렴풋하지만 익숙한 형상이 보였다. 그는 다급히 차장에서 달려가 열차를 즉시 세워 달라고 부탁했다. 그가 열차 밖으로 뛰어나가 그 물체에 가까이 다가가니 그것은 바로 그의 나무였다. 그가 생전에 상상했던 것보다 훨씬 더 아름다운 모습으로 완성되어 있었다. 그리고 그 나무 한복판에는 바로 그의 작품이 있었다. 온 세상이 볼 수 있도록 그의 이파리가 당당하게 붙어 있었다. 마침내 그는 자신의 이파리 하나도 영광스럽고 온전한 선물임을 깨달았다.

톨킨은 자신의 다른 작품에 대한 좌절감을 풀어보고자 '니글의 이파리'를 썼다. 그 작품은 그가 수년 동안 머리를 쥐어짜며 써 왔지만 완성하지도 세상의 인정을 받지도 못할 것 같아 포기할까 진지하게 고민하고 있던 것이었다. 그 작품은 바로 중간계(Middle-earth)에 관한 이야기인 그 유명한 《반지의 제왕》(The Lord of the Rings)이다.

톨킨이 '성공적이지 못한' 자신의 일에 관해 지금 우리가 알고 있는 것을 알았다면? 그리고 우리가 자신의 일에 관해 언젠가 알게 될 것을 지금 안다면? 우리의 일이 세상을 구원하고 치유하기 위한 하나님의 거대한 계획에 얼마나 중요한 역할을 하는지 지금 우리가 볼 수 있다면? 그렇게 된다면 좌절이나 따분함, 심지어 절망에 빠져서 죽지 못해 일을 하는 것이 아니라 하나님이 이 세상에서 완성하라고 주신 일에 거부할 수 없는 끌림을 느끼기 시작할 것이다.

다 그만두고 포기하고 싶어질 때, 자신의 일에 '그냥'이란 표현을 사용하고 싶을 때, 그럴 때마다 '니글의 이파리' 이야기를 읽기를 강권한다. 좌절감이 밀려올 때마다 과거만이 아니라 미래를 생각하라. 겨우 이파리 한두 개처럼 보이는 '당신의' 일이 하나님이 '그분의' 도성 한가운데 놓으실 나무의 꼭 필요한 일부라는 사실이 분명히 드러나게 될 미래를 생각하라. 당신의 이파리는 만국을 치유할 위대한 생명나무에 당당히 붙어 있을 것이다(계 22:2).

하나님의 영광을 위해서 일하면서도 우리의 일에 영원한 의미가 있다는 사실을 믿기가 어려울 때가 많다. 하지만 분명 영원한 의미가 있다. 팀 켈러의 《일과 영성》(*Every Good Endeavor*)에서는 니글 이야기의 의미와 그것이 현재 우리의 이야기와 어떤 관련이 있는지를 탁월하게 풀어내고 있다.

"정말로 나무가 있다. 우리가 일을 통해 정의와 평화의 도성, 찬란하고 아름다운 세상, 멋진 이야기, 질서, 치유 등, 무엇을 추구하든 그것이 실제로 있다. 하나님이 실제로 계신다. 하나님이 이루시고 우리가 각자의 일을 통해 (부분적으로나마) 남들에게 보여 주고 있는 미래의 치유된 세상이 실제로 있다. 물론 우리의 일은 가장 잘 풀리는 날도 그 세상을 이루는 데 겨우 부분적으로만 성공할 뿐이다. 하지만 우리가 보는 그 아름다움, 조화, 정의, 평안, 기쁨, 공동체의 나무 전체는 반드시 열매를 맺을 것이다. 이 사실을 알면 이생에서 겨우 이파리 한두 개를 거둔다 해도 낙심하지 않고 만족과 기쁨 가운데 일할 것이다."[16]

위의 글을 읽을 때마다 내 일이 스스로 만족스럽지 않든 남들이 인정해 주지 않든 상관없이 '하나님의' 영광스러운 나무에 반드시 필요한 영광스러운 '이파리'라는 사실을 다시금 기억하게 된다.

성경은 이렇게 약속한다. "하나님이 자기를 사랑하는 자들을 위하여 예비하신 모든 것은 눈으로 보지 못하고 귀로 듣지 못하고 사람의 마음으로 생각하지도 못하였다"(고전 2:9).

또한 성경은 예수님의 성품을 닮아가는 일이든 울창한 나무를 꿈꾸며 겨우 이파리 하나를 그리는 일이든 상관없이 하나님이 우리 안에서 시작하신 모든 선한 일을 완성하실 것이라고 약속한다. 창조하고 회복시키시며 위대한 도성을 설계하고 지으시는 하나님이 그 일을 끝까지 완성하실 것이다(빌 1:6). 그리고 그 일을 완성하시는 동안 예수님의 완성된 사역을 통해 우리를 바라보며 "잘하였도다,

착하고 충성된 종아"라고 말씀하실 것이다(마 25:23).

하나님의 자녀로서 지금 우리가 하는 선한 일은 영원까지 이어질 것이다. 우리의 일은 창조주의 나무에 붙을 독특하고 아름다운 이파리다. 이 이파리가 완성되면 우주의 예술가의 영원한 나무에 붙어 거부할 수 없는 매력을 발할 것이다.

무슨 선한 일을 하든지 그것이 사람을 달에 보내고 역사를 이루는 일임을 명심하라. 이런 것들을 마음에 새기면서 온 세상이 당신의 선한 일을 보고 하늘 아버지께 영광을 돌릴 수 있게 해 달라고 간절히 또 매일같이 기도하라(마 5:15-16).

평범한
그리스도인이
세상을 바꾼다

앞에서 살폈듯이 거부할 수 없는 믿음은 삶 속의 모든 사람과 모든 장소와 모든 것을 사랑하는 운동에 동참하겠다는 크리스천들의 결단 위에서 나타난다. 정확히 말하면, 우리 모두가 그리스도 안에서 '하나님의' 운동에 동참해야 한다.

거부할 수 없는 믿음으로 이어지는 모든 운동, 우리를 거부할 수 없는 크리스천으로 변화시켜 주는 운동은 무엇보다 마음과 삶의 변화에서 시작되어야 한다. 이 '새 피조물' 운동은 내주하시는 성령님이 말씀을 통해 우리가 그리스도 안에서 얼마나 사랑받는 존재인지를 날마다 새롭게 기억나게 함으로 우리를 생명을 주는 사람으로 형성해 나가실 때 이루어진다. 이런 개인적인 변화가 이루어질 때 우리는 거부할 수 없는 믿음의 비전을 공유한 다른 크리스천들과의 공동체에 끌리게 된다. 그렇게 모인 우리는 하나님이 지극히 사랑하시는 세상으로 눈을 돌려, 그분의 선한 일에 참여하라는 그분의 은혜로운 초대를 받아들이게 된다.

지금쯤 당신 안에 이런 종류의 운동에 동참하고픈 열정이 강하게 불타고 있으리라 믿고 또 소망한다. 이 마지막 장에서는 먼저 '예수님과 그분의 은혜의 복음이라는 기초가 없으면' 세상을 더 좋게 만들려는 그 어떤 운동도 오히려 상황을 더 악화시킬 수밖에 없다는 점을 보이고자 한다. 예수님은 2천 년 전 제자들에게 하셨던 말씀을 지금 우리에게도 하고 계신다(요 15:5).

하지만 인간들은 자신의 지능과 기술, 천재성, 솜씨를 너무 자

신한 나머지 예수님의 이 자명한 진리를 받아들이지 못하는 경우가
많다.

너무 똑똑해서 탈이다

어떤 아이디어나 운동에 관해서 절대 실패할 리가 없다고 철석
같이 믿고 동참했다가 보기 좋게 실패한 경험이 있는가?

20세기 영국 작가이자 사회비평가인 H. G. 웰스(Wells)는 한때
열렬히 옹호했던 세속적인 인본주의 세계관에 대해서 그런 실패를
경험했다. 초기에 사회공학의 약속을 바탕으로 한 포스트 계몽주의
시각에 심취했던 웰스는 1937년 인류가 지난 세대가 겨우 꿈만 꾸
었던 유토피아 세상을 이루는 것은 시간문제라고 말했다.

> "우리 종족이 상상 이상의 것을 이루고, 연합과 평화를 이루고, 우리
> 자손이 세상의 그 어떤 궁전이나 동산보다도 화려하고 아름다운 세
> 상에서 살며 점점 더 강해져서 끝없는 성취의 순환을 만들어 낼 것은
> 의심할 수 없는 사실이다."[1]

H. G. 웰스가 인류의 선과 진보에 관한 이런 희망적인 글을 쓰
는 동안, 독일에서는 아돌프 히틀러(Adolf Hitler)가 권력을 장악해 가

고 있었다. 그의 살인적인 계획이 운동력을 얻어가고 있었다. 스탈린(Stalin)도 비슷하게 승승장구하고 있었고, 일본과 중국은 서로 전쟁을 벌이고 있었다. 제2차 세계대전 이후 웰스는 철저히 망가진 세상과 도덕적 개선에 관한 일말의 가능성도 보이지 않는 인류를 마주했다. 웰스의 시각은 낙관론과 희망에서 비관론과 절망으로 급변했다. 그는 자신이 목격한 잔혹 행위들을 돌아보며 "정신이 완전히 분열되기 직전에 이르렀다"고 한탄했다.[2]

웰스와 동시대를 살았던 영국의 사회비평가 올더스 헉슬리(Aldous Huxley)의 디스토피아적인 소설 《멋진 신세계》(Brave New World)는 세속적인 인본주의적 유토피아 세계관을 유행시킨 동시에 비꼰 책이다. 헉슬리는 말년에 웰스보다 훨씬 더 냉소적으로 변해 이런 말까지 했다. "어쩌면 이 행성은 다른 행성의 지옥일지도 모른다."[3] 1963년 암으로 말 한마디 할 수 없을 정도로 망가진 그는 임종 자리에서 메모지에 겨우 몇 글자를 써서 아내에게 건넸다. "LSD(마약의 일종), 100mg."[4]

웰스와 헉슬리 같은 지식인들이 그토록 강한 낙관론에서 사람들과 세상, 미래에 관한 냉소주의와 절망의 심연에 빠져든 것을 생각하면, 20세기 말의 최고 학자들이 그 낙관론을 다시 부활시켰다는 사실이 의아하기 짝이 없다.

첨단 기술 붐의 태동기인 1973년, 세속의 사상가들은 인류의 가능성에 다시 열광하기 시작했다. 이런 분위기 속에서 두 번째 '인본주의자 성명서'(Humanist Manifesto, 첫 번째 성명서는 1933년 웰스와 헉슬리 시대에 발표)가 쓰였다. 약 150명의 세계 최고 석학들(상당수가 웰스와 헉슬리의 제자들)이 서명한 두 번째 '인본주의자 성명서'는 인간의 진보에 관해 이전 성명서와 비슷한 비전을 던졌다. 성명서의 일부를 보자.

"다음 세기는 인본주의의 세기가 '될 수 있고 되어야만' 한다. 극적인 과학적 기술적 변화, 점점 더 가속화되는 사회적 정치적 변화에 정신을 차릴 수 없을 지경이다. 우리는 사실상 지구를 정복했고 달을 탐험했으며 여행과 커뮤니케이션의 자연적인 한계를 극복했다. 이제 우리는 새로운 시대의 문턱에 서서 우주로 더 나아갈 채비를 하고 있다. 어쩌면 다른 행성에서 살게 될지도 모른다. 첨단 기술을 지혜롭게 사용하면 환경을 통제하고, 빈곤을 정복하고, 질병을 현저히 줄이고, 우리의 수명을 늘리고, 우리의 행동을 크게 교정하고, 인간 진화와 문화 발전의 방향을 바꾸고, 새로운 힘의 방대한 보고를 열고, 인류에게 풍성하고 의미 있는 삶을 얻기 위한 유례없는 기회를 제공'할 수' 있다."[5]

하지만 불과 몇 십 년이 지난 지금, 세속적인 인본주의 첫 번째 성명서와 두 번째 성명서는 목표 달성에 크게 실패했다. 아니, 실패했다는 것은 너무 관대한 표현이다. 인류의 빛나는 노력에도 불구하고 세상은 여전히 폭력, 빈곤, 인종 차별, 경제적 불평등, 탐욕, 아동 방임, 사랑 없는 부부, 섹스 중독, 인신매매, 세계 기아, 정치적 분열, 이념적 대립과 분노로 몸살을 앓고 있다. 현재의 정치 풍토는 정치인이란 말만 나오면 모두 이를 가는 상황을 만들었다. 〈사이콜로지 투데이〉(*Psychology Today*) 지에 따르면, 연결성을 높이겠다고 만든 기술들이 우리를 더 심한 외로움과 우울증, 낮은 자존감으로 몰아가고 있다.[6] 불안감과 우울증이 만연해 있다. 악성 댓글, 십대 학교 폭력과 자살, 포르노, 매춘, 아동 학대, 이혼 가정, 대량 학살, 박해, 테러가 판을 치고 있다. 아무래도 인본주의 프로젝트는 세상을 좋게 변화시키기는커녕 더 나쁜 곳으로 전락시킨 것처럼 보인다.

성격이 급한 영혼들은 이 난장판을 정리할 해법은 없다고 결론을 내렸다. 이 모든 기술적 발전에도 활력이 넘치기는커녕 더 피곤해지고, 온전해지기는커녕 더 망가지고, 건강하기는커녕 더 아프고, 생명을 주기는커녕 있는 생명마저 빨아가고, 연합되기는커녕 더 분열되고, 진보는커녕 오히려 쇠퇴해가는 이 세상을 어떻게 한단 말인가. 도무지 답이 없어 보인다. 세계 최고의 두뇌와 리더들도 세상의 방향을 더 생명을 주는 쪽으로 틀지 못했는데 누가 뭘 할 수 있단 말인가.

세상의 고통에 대한 예수님의 답

예수님에 따르면, 예나 지금이나 세상을 평화, 치유, 온전함, 번영 쪽으로 이끌어 갈 은사를 받은 제자들이 있다. 이들은 남다르다. 그들은 인간의 정신, 지능, 의지, 용기를 의지하지 않는다. 대신, 평화, 치유, 온전함, 번영을 이루기 위해 성령님의 능력, 하나님의 지혜, 하나님의 비전에서 오는 결단력을 의지한다.

물론 여기에는 학자, 과학자, 유명인, 정치인, 거물들이 포함된다. 하지만 이런 유력한 인물들 외에도 예수님은 '그분처럼' 세상의 엘리트 클럽이나 VIP 리스트, 성명서 서명자에 속하지 않는 사람들도 포함시키신다. 예를 들어, 아모스, 밧세바, 베드로, 예수님의 어머니 마리아와 같은 사람들이다. 이들은 세상에서 약하고 평범하고 어리석고 비천한 부류로 취급받지만 세상을 축복하고 치유하기 위한 하나님의 전략에서 항상 중심적인 역할을 한다.

"형제들아 너희를 부르심을 보라. 육체를 따라 지혜로운 자가 많지 아니하며 능한 자가 많지 아니하며 문벌 좋은 자가 많지 아니하도다. 그러나 하나님께서 세상의 미련한 것들을 택하사 지혜 있는 자들을 부끄럽게 하려 하시고 세상의 약한 것들을 택하사 강한 것들을 부끄럽게 하려 하시며 하나님께서 세상의 천한 것들과 멸시 받는 것들과 없는 것들을 택하사 있는 것들을 폐하려 하시나니 이는 아무 육체도 하나님

앞에서 자랑하지 못하게 하려 하심이라. 너희는 하나님으로부터 나서 그리스도 예수 안에 있고 예수는 하나님으로부터 나와서 우리에게 지혜와 의로움과 거룩함과 구원함이 되셨으니”(고전 1:26-30).

세상을 창조하고 지탱하며 이제 새롭게 하실 분에 따르면, 세상의 고통을 해결할 답에는 하나님의 놀라운 이야기 속에서 자신의 자리를 깨달은 ‘평범한’ 사람들이 포함된다.

예수님은 세상의 고통을 치유하기 위한 그분의 계획에 ‘모든 종류의 크리스천들’이 포함된다고 말씀하신다. 예수님은 배운 것도 가진 것도 없이 무시당하지만 구속과 회복, 용서를 받아 성령으로 충만해진 어부, 세리, 중독자, 과부, 아이, 전직 창녀의 무리를 향해 이렇게 말씀하셨다. “너희는 세상의 소금이니 … 너희는 세상의 빛이라 산 위에 있는 동네요 이같이 너희 빛이 사람 앞에 비치게 하여 그들로 너희 착한 행실을 보고 하늘에 계신 너희 아버지께 영광을 돌리게 하라”(마 5:13-14, 16).

소금, 빛, 동네, 이 세 가지 비유는 세상을 구원하고 회복시키고 풍요롭게 하기 위한 하나님의 사명에서 ‘우리’의 역할이 무엇인지 적극적으로 상상하게 만든다. 그런데 예수님은 구체적으로 어떤 역할을 말씀하신 것인가?

평범한 삶에 펼쳐지는 매력적인 믿음

삶의 어떤 단계에 있고 나이가 몇이고 영향력의 유무와 상관없이 모든 크리스천은 성령님의 능력을 덧입고 성경을 통해 하나님의 지혜를 받고 예수님의 사랑에서 힘을 얻는다. 모든 크리스천은 각자 살고 일하고 놀고 예배하는 곳을 더 좋게 만드는 영광스러운 목적을 위해 이 능력을 사용하는 목적을 갖고 부름을 받았다. 이것이 크리스천들의 보편적인 직무기술이다.

두 딸의 아버지로서 아이들이 다양한 모험을 하는 모습을 볼 때마다 자랑스럽고 뿌듯하다. 그중 첫째 딸이 감행한 모험 한 가지를 소개하고 싶다. 그것은 불과 십대 중반의 나이에 베이비시터 사업을 벌여 나름 성공을 거둔 일이다.

딸은 경쟁력을 갖추기 위해 두 가지 원칙을 세웠다. 딸은 그 원칙대로만 하면 자신의 서비스가 부모들과 아이들에게 거부할 수 없는 매력으로 다가갈 것이라고 확신했다. 첫째, 딸은 휴대폰을 만지지 않고 아이들이 잘 때까지 아이들과 열심히 놀아 주기로 했다. 둘째, 아이들이 잠자리에 든 뒤에는 부모가 돌아와서 집이 처음보다 더 깨끗해진 모습에 감동할 수 있도록 집을 깨끗이 치우고 정리하기로 했다.

우리 딸은 이 두 원칙을 철저히 고수했다. 오래지 않아 서비스 문의가 너무 많이 들어오는 바람에 일부 부모들에게는 친구들을 소개시켜 줘야 할 정도였다. 아이들과 놀아 주고 집을 청소한다는 이 두 가지 간단한 원칙 덕분에 딸은 거의 모든 가정에서 부모와 아이들 모두에게 인기 많은 베이비시터가 될 수 있었다. 지금도 대학교 방학이 다가오면 몇 주 전에 '선주문'이 빗발친다. 딸은 '사람들'에게 온전히 집중하고 '장소'와 그 안의 '것들'을 부지런히 돌본 덕분에 '온 부모에게 칭송을 받았다'고 말할 수 있다.

어찌 보면 별 것 아닌 일이지만 우리 딸은 거부할 수 없는 믿음이 평범한 삶 속에서 어떻게 펼쳐질 수 있는지를 우리에게 생생히 보여 주었다. 남녀노소를 막론하고 모든 크리스천은 충성스러운 종으로서 세상을 섬기도록 부름을 받았다. 우리는 모든 사람과 모든 장소, 모든 것들을 처음부터 더 좋게 만들 기회를 부지런히 찾아야 한다. 우리의 섬김이 꼭 거창할 필요는 없다.

사실, 우리 대부분에게 섬김의 기회는 일상적이고 평범한 삶 속에 존재한다. 하지만 모든 크리스천들이 '세상을 더 좋게 만들' 작은 방법을 찾아 실천하면 그 작은 섬김이 합쳐져 어마어마한 위력을 발휘할 수 있다. "글로벌 차원에서 생각하고 지역 차원에서 행동하라"라는 환경운동의 구호가 그리스도 안에서의 삶에 놀랍도록 잘 적용된다. 우리가 각자의 역할을 충실히 감당하고, 우리가 살고 일하고 노는 곳에서 거부할 수 없는 믿음을 보이면 더 나은 세상이 찾아올 것이다. '우리를 통해' 하나님의 나라가 하늘에서 이루어진 것처럼 실제로 이 땅에서 이루어질 것이다.

딸은 '자신이 있는 자리를 더 좋게 만들고' 베이비시터로 섬기는 모든 집에서 거부할 수 없는 존재가 되려고 애썼다. 이것은 다름 아닌 1세기 크리스천들 사이에 가득했던 태도이다. 그들은 주변 세상에 영향을 미치기 위해 강력한 '도덕적 다수'가 되어야 할 필요성을 느끼지 않았다. 그것은 예수님이 분명히 가르쳐주신 것처럼 그분의 나라가 이 세상에 속한 것이 '아니라는' 점을 알았기 때문이다 (요 18:36). 예수님의 방식은 정치적 힘과 술수로 세상을 통제하는 것이 아니라 자비와 이웃 사랑의 설득력으로 세상을 얻는 것이었다.

실제로, 예수님과 제자들은 관심과 사랑, 생명을 주는 소수로서 가난하고 소외되고 외면당하는 사람들 속에서 살았다. 그 결과, 칭송과 영향력을 얻었다. 그들은 이웃들의 삶 속으로 직접 들어가 사랑과 섬김의 선물을 아낌없이 주면서 사람과 장소, 그 외의 것들을 더 좋게 만들기 위한 모든 기회를 붙잡았다. 만약 이 크리스천들이 어느 날 갑자기 세상에서 사라졌다면 이웃들은 그들을 몹시 그리워했을 것이다.

기회를 놓치다

21세기 미국에는 사랑으로 생명을 주는 소수라는 크리스천의 보편적인 직무기술을 망각한 이들이 너무도 많다. 우리는 자신을 부인하고 자기 십자가를 지고 예수님을 따르는 것이 아니라 자신의 이익을 챙기고 개인적인 꿈을 좇기 위해 이웃을 부인하고 자기 안위를 추구하고 있다.

이런 경향은 후히 베풀라는 그리스도의 명령과 관련해서 특히 두드러지게 나타난다. 그리스도의 제자라고 말하면서 돈에 관해서는 사실상 무신론자처럼 사는 이들이 얼마나 많은지 모른다. 그들이 돈을 소유한 것이 아니라 돈이 그들을 소유하고 있다. 돈에 대한 탐욕과 집착은 거부할 수 없는 믿음을 방해하는 최대 걸림돌 중 하나다. 많은 크리스천들이 세상을 위해 자신을 희생하기보다는 하나님께 받은 것을 주로 자신을 위해 쓰고 있다.

내 친구이자 크리스천 재정 전문가인 데이브 램지(Dave Ramsey)는 《7가지 부의 불편의 법칙》(The Total Money Makeover)에서 이런 진단을 내놓았다. "우리는 좋아하지 않는 사람들에게 자신을 과시하기 위해 있지도 않은 돈으로 필요하지도 않은 것들을 산다."

성경은 신자들이 교회의 사역을 위해 헌금해야 할 최소 액수로 십일조(수입의 10퍼센트)를 정해 주었지만[7] 신학자이자 사회운동가인 론 사이더(Ron Sider)에 따르면 미국 크리스천들의 평균 헌금 액수는 겨우 수입의 2.4퍼센트다.[8] 저자이자 맥시멈 제너로시티(Maximum Generosity)라는 단체의 창립자인 브라이언 클로스(Brian Kluth)는 이런 상황의 원인을 다음과 같이 진단한다.

"일부 복음주의자들은 버거울 정도로 헌금을 하지만 대부분은 그렇지 않다. 하나님의 일(지교회나 사역 단체, 선교 단체, 가난한 사람들)을 위해 헌금하는 것이 크리스천의 가장 중요한 재정적 우선순위이지만, 물질주의와 소비주의에 찌들고 빚에 허덕이는 오늘날 사회에서는 성경의 분명한 가르침에도 불구하고 이 개념을 받아들이는 크리스천이 매우 드물다. 많은 교회가 성경의 명령에 따라 헌금하는 것이 아니라 '예산'에 따라 헌금하도록 가르치는 것이 문제의 일부로 보인다. … 예산은 헌금의 기준이 아니라 소비의 기준이 되어야 한다."[9]

이것이 거부할 수 없는 믿음을 기르는 것과 무슨 상관이 있는가? 답은 간단하다. 우리는 어디든 돈을 쏟는 곳에 삶을 쏟기 때문이다. 예수님의 말씀처럼 "네 보물 있는 그곳에는 네 마음도 있느니라"(마 6:21). 팀 켈러는 《정의란 무엇인가》(Generous Justice)에서 이렇게 말했다. "그리스도는 말 그대로 우리와 같이 되셔서 우리의 고통 속으로 들어오셨다. 남들이 빈곤해질 때까지 돕지 않는 것은 아직 그리스도의 사랑을 통해 복음이 요구하는 동정적인(혹은 베풀 줄 아는) 사람으로 변하지 않았다는 증거이다."[10]

켈러의 이 말과 같은 지적은 우리의 뿌리로 돌아오라는 강력한 촉구다. 다시금 예수님의 제자요 그리스도의 향기로 살라는 외침이다. 죄에 짓눌려 지친 세상의 치유와 회복, 소생을 위해 '보내심을 받은 자'로 살라는 외침이다. 이제 우리가 적극적인 위해나 수동적인 방관으로 세상의 슬픔과 망가짐에 일조했던 것을 다 회개하고 이 아픈 세상을 치유하는 일에 적극 나서야 할 때이다.

변화를 위한 궁극적 질문들

전 세계의 크리스천들이 앞서 인용한 데이브 램지의 진술을 펜만이 아니라 삶으로 뜯어고쳐 새로운 내러티브를 써 간다면? 다시 말해, 크리스천들이 좋아하지 않는 사람들에게 자신을 과시하기 위해 있지도 않은 돈으로 필요하지도 않는 것들을 사는 것이 아니라 자신에게 '있는' 돈(과 시간, 정력, 관심)을 하나님이 사랑하시는 사람들을 사랑해 주는데 '필요한' 것들에 사용하기 시작한다면? 우리의 순종적이고 거부할 수 없는 믿음을 통해 하나님이 영광을 받으시고 우리도 최고의 기쁨을 누릴 수 있도록 우리가 가진 것을 섬김에 사용하기 시작한다면?

혼인 잔치에서 포도주를 제공해 주신 예수님(요 2:1-11)과 탕자를 용서하고 온 동네 사람들을 위해 성대한 잔치를 벌인 통 큰 아버지(눅 15:11-32)의 정신에 따라, 크리스천들이 친구, 이웃, 동료, 낯선 이, 고통 받는 자까지 누구나 올 수 있는 성대한 잔치를 여는 자들로 알려진다면?(마 22:1-14)

복음의 진리와 성령님이 주시는 지혜로 그리스 학자들과의 대화에 참여한 바울의 정신을 따라, 크리스천들이 하나님, 인류, 삶에 관한 사려 깊고 유익하고 도전적이고 예의 있는 대화에 참여한다면?(행 17:22-34; 골 4:6; 벧전 3:15)

취약한 아이들과 여성들을 돌보고 필요한 것을 공급했던 초대 교회의 정신에 따라, 원치 않는 임신으로 충격과 두려움에 휩싸인 여성들이 위로와 조언, 돌봄을 받을 곳으로 동네 병원보다 먼저 동네 교회를 떠올리기 시작한다면?(약 1:27)

결혼과 성에 관한 성경의 정신에 따라, 크리스천들이 망가진 성에 대해 세상을 탓하기보다는 서로 사랑하고 존중하고 복종하는 성경적, 그리고 반문화적 결혼의 아름다운 본보기를 보여 주기 시작한다면?(엡 5:22-33)

교회 안팎의 짝 없는 남녀가 외로움을 느끼지 않도록 크리스천들이 성적 성향이나 혼인 여부에 상관없이 모든 사람에게 진짜 가족과 같은 경험을 선사한다면?(마 12:49-50; 롬 8:15)

교회가 외로움과 고립이 없는 곳이 되어 외로움과 우울증만 낳는 소셜 미디어, 영혼을 갉아먹는 포르노, 몸을 망가뜨리는 하룻밤 관계, 혼전 동거, 외로움을 달래기 위한 술의 건강한 대안이 된다면?(시 68:6; 고전 7:7-8; 엡 5:22-23)

신앙과 일의 통합이라는 성경의 정신에 따라, 크리스천들이 누구나 함께 일하고 싶은 상사나 동료 혹은 누구나 고용하고 싶은 직원으로 세상에 알려진다면?(엡 6:5-9)

정의를 행하고 인자를 사랑한다는 성경의 정신에 따라, 크리스천들이 친구나 이웃, 동료, 모르는 사람이 이혼, 실직, 중병, 가족의 죽음, 반항적인 자식 같은 비극을 겪을 때 누구보다도 먼저 달려가 위로하고 도와주는 사람들로 널리 알려진다면?(미 6:8)

예수님의 삶과 가르침에 따라, 크리스천들이 최고의 친구일 뿐 아니라 핍박에 기도로, 비웃음에 친절로, 이기주의에 베풂으로, 가해에 용서로, 미움에 은혜와 사랑으로 반응하는 최고의 적으로 널리 알려진다면?(마 5:1-12)

예수님의 정신에 따라 다시금 크리스천들이 죄인들을 환영하고 함께 식사하는 사람들로 널리 알려진다면? 죄인들이 크리스천들을 가리키며 "마음에 드는 사람들이야, 닮고 싶은 사람들이야"라고 말할 정도가 된다면?(눅 15:1-2; 11-32)

초대 교회의 정신에 따라 다시금 크리스천들이 '모든' 사람의 칭송을 받기 시작한다면? 동화와 적응을 통해 세상과 '똑같이' 되었기 때문이 아니라 오히려 사랑과 선행의 삶을 통해 세상과 너무도 '다르게' 되었기 때문에 칭송을 받기 시작한다면? 대부분의 크리스천들이 너무도 매력적인 삶을 보여 주기 때문에 하나님이 구원받는 사람의 숫자를 매일 더해 주시는 역사가 다시 나타난다면?(행 2:42-47)

가장 중요하게는, 우리가 이런 일을 이루어야 한다는 '부담'에서 자유롭다는 사실을 깨닫는다면? 그것은 변화를 위한 궁극적인 책임과 능력이 전적으로 '예수님'의 어깨에 있기 때문이다. 예수님,

오직 예수님만이 그분이 창조하시고 회복시키시며 궁극적으로 영광스럽게 완성시키실 모든 사람과 모든 장소, 모든 것들의 번영을 이룰 열쇠를 쥐고 계신다. "그분은 저주가 미친 곳까지 '그분의' 복이 흘러가게 하신다."[11] "그(그분의) 정사와 평강의 더함이 무궁하며"(사 9:7).

물론 '우리'는 세상의 소금이요 산 위의 동네이며 세상의 빛이다. 하지만 우리가 비추는 빛은 우리 자신의 빛이 아니라 어디까지나 '그분의' 빛이다. 달이 스스로 빛을 내지 못하고 태양의 빛을 반사하여 밤의 어둠을 밝혀 주는 것과 같은 이치다. 그분의 빛은 하루도 빠짐없이 우리를 향하고 있다. 우리가 할 일은 그저 밖으로 나가 그 빛을 쬐고 받아들이는 것뿐이다.

온 세상의 지역과 도시에서 실제로 이런 일이 일어나고 있지만 아직은 가야 할 길이 멀다. 더 많은 크리스천들이 하나님의 빛이 비추는 길로 나와야 한다. 그래서 모세가 산에서 내려왔을 때 얼굴이 빛났던 것처럼 그분의 빛이 우리를 통해 반사되어야 한다(출 34:29-35).

세속적인 인본주의적 유토피아 비전과 기술 발전, 파벌 정치는 여전히 그 약속을 이루지 못하고 있고, 앞으로 쭉 그럴 것이다. 따라서 이제 크리스천들이 옛 약속을 들고 다시 일어서야 할 때다. 그것은 인간이 만든 기계를 만들어 줄 세상이 아니라 말씀으로 우주를 창조하시고 눈먼 자를 보게 하시며 죽은 사람과 죽은 장소와 죽은 것들을 되살리시는 분이 이루어주실 세상에 관한 약속이다.

예수님은 온 세상으로 나아가 모든 백성에게 복음을 전하고 성부와 성자와 성령님의 이름으로 세례를 베풀고 그분의 모든 명령에 순종하도록 가르치라고 제자들을 파송하실 때 이렇게 약속하셨다. "내가 세상 끝 날까지 너희와 항상 함께 있으리라"(마 28:16-20). "내가 결코 너희를 버리지 아니하고 너희를 떠나지 아니하리라"(히 13:5).

성 어거스틴(Saint Augustine)은 이런 기도를 드렸다. "주님, 당신이 뜻하신 것을 명령하시고 그렇게 명령하신 것을 이루어 주십시오."[12] 우리 구주께서 반드시 우리에게 그렇게 해 주실 것이다.

많이 받은 자들에게 많은 것을 기대하신다

역사 내내 권세와 명예를 지닌 신앙인들은 국가와 세계 차원에서 세상을 더 나은 곳으로 만들었다. 이 유력한 믿음의 종들은 성경 속의 유력한 종들인 아브라함, 요셉, 모세, 드보라, 룻, 다윗, 솔로몬, 느헤미야, 에스더, 욥, 다니엘, 마태, 니고데모, 삭개오, 바울처럼 자신의 부와 권세를 예수님의 이런 가르침에 따라 사용했다. "무릇 많이 받은 자에게는 많이 요구할 것이요 많이 맡은 자에게는 많이 달라 할 것이니라"(눅 12:48).

예수님은 한 비유에서도 우리의 삶을 어떻게 투자해야 할지 가르치셨다.

> "(하나님의 나라는) 어떤 사람이 타국에 갈 때 그 종들을 불러 자기 소유
> 를 맡김과 같으니 각각 그 재능대로 한 사람에게는 금 다섯 달란트를,
> 한 사람에게는 두 달란트를, 한 사람에게는 한 달란트를 주고 떠났더
> 니 다섯 달란트 받은 자는 바로 가서 그것으로 장사하여 또 다섯 달란
> 트를 남기고 두 달란트 받은 자도 그같이 하여 또 두 달란트를 남겼으
> 되 그 주인이 이르되 잘하였도다 착하고 충성된 종아 네가 적은 일에
> 충성하였으매 내가 많은 것을 네게 맡기리니 네 주인의 즐거움에 참
> 여할지어다 하고"(마 25:14-17, 21).

버지니아대학(University of Virginia)의 사회학자 제임스 데이비
슨 헌터(James Davison Hunter)도 《기독교는 어떻게 세상을 변화시키
는가》(To Change the World)에서 비슷한 말을 하고 있다. 그는 막대한
부와 권력, 인맥, 영향력을 소유한 소위 "문화적 엘리트들'이 세상을
더 좋고 참되고 정의롭고 아름다운 곳으로 변화시킬 독특한 위치에
있다고 주장한다. 그런 남녀는 맡은 것들을 악이 아닌 선을 위해 사
용할 독특한 기회와 책임을 갖고 있다.[13]

권력, 부, 영향력, 사회적 입지는 이기적인 목적으로 축적하고
악용하기 위해 주어진 것이 아니다. 이런 '달란트'는 왕이신 예수님
과 그분의 목적을 위해 투자하라고 주어진 것이다. 이 달란트를 그

렇게 투자함으로 자신의 왕국이 아닌 하나님의 나라처럼 보이고 느껴지는 '수익'을 거두어야 한다. 교육가, 방송인, 저널리스트, 정치인, 저자, 운동선수, 예술가, 연예인, 경영자, 목사들은 모두 헌터의 다음 말을 마음 깊이 새겨야 한다.

> "가장 깊고도 가장 오래 가는 형태의 문화적 변화는 거의 대부분 '하향식'으로 이루어진다. 다시 말해, 세상을 형성하고 변화시키는 일은 대개 엘리트들의 일이다. 그것은 각자 자신의 사회적 영역에서 사람들을 창의적으로 지도하고 관리하는 문지기들의 몫이다. 대중의 동요에서 변화의 운동력이 발생하더라도 엘리트들이 그 변화를 받아들이고 퍼뜨리기 전까지는 운동력은 확장되지 않는다."[14]

평범한 사람들에게 주신 사명

헌터의 말은 매우 중요한 질문을 제기하게 만든다. "상대적으로 '달란트'가 적은 자들은 어떻게 되는 것인가?" 예수님은 고등교육을 받은 바울이나 숙련된 의사 누가, 부유한 정부 관리 마태 같은 힘 있는 사람들만이 아니라 나병환자, 회복 중인 마약 중독자, 약하고 상처받은 이들, 부랑자, 매일 끼니 걱정을 해야 하는 빈민들에게도 말씀하셨다. 예수님은 '평범한' 사람, 유명하지 않은 사람, 손과 발에

못이 박인 블루칼라 노동자, 생계를 위해 물고기를 잡는 사람, 중간 관리자, 평범한 엄마와 아빠들에게도 말씀하셨다. 사실, 예수님의 설교와 비유는 권력을 쥔 사람들보다 주로 평범한 사람들 앞에서 주신 가르침이었다.

하나님께 사랑받는 가족, 그리고 세상을 더 나은 곳으로 가꾸는 하나님의 계획에는 분명 권력과 영향력, 명성을 지닌 사람들이 포함되지만, 모든 사람과 모든 장소, 모든 것들을 사랑으로 되살리는 그리스도의 사명에서는 특별한 부류도 '엘리트' 계층도 없다.

세상을 사랑하고 섬기고 새롭게 하는 그리스도의 사명은 모든 사람을 아우르는 프로젝트다. 따라서 우리 '모두'가 이 일에 참여해야 한다. 자, 어디부터 시작해 볼까?

세상을 감동시키려는
이들을 위한
기도문

주님, 당신의 은혜를 더 깊이 알고 싶습니다. 더 나은 공동체를 이루고, 세상 모든 사람과 모든 장소와 모든 것들을 사랑으로 회복시키는 '당신의' 사명에 더 잘 참여하고 싶습니다. 그래서 세상이 당신을 거부할 수 없는 주인이요 구주로 알게 만들 수 있는 믿음을 주시기를 기도합니다.

주님, 우리의 기도를 들으소서.

당신의 백성인 우리를 그리스도 안에서 연합하여 모든 일에서 성경의 인도를 받기를 원하는 가족으로 변화시켜 주십시오. 우리 지역만이 아니라 지구 반대편에 있는 당신의 백성들이 구약과 신약을 통해 주신 아버지의 완벽한 말씀을 통해 영적 삶을 형성하게 해 주십시오. 하나님의 아들이요 죄인들의 구주이신 예수님을 통해 우리가 죄를 용서받고 영이 새로워지며 예배의 열정이 불타오르고 인격이 변화되게 해 주십시오. 예수님을 죽음에서 일으키신 내주하시는 성령님의 능력으로 우리의 마음에 불을 붙여 주십시오. 전심으로 당신을 사랑하고 이웃을 내 몸처럼 사랑하는 부활의 삶을 살게 도와주십시오.

주님, 우리의 기도를 들으소서.

그리스도의 교회를 가족으로 부르고 모으셨으니 우리가 혼자 하려는 유혹에 빠지지 않고 서로 삶을 나누도록 이끌어 주십시오.

신앙고백과 가르침에 관해서는 우리가 성경의 핵심적인 진리들을 중심으로 연합하는 동시에 성경에서 유연하게 다루거나 침묵하는 문제들에 대해서는 서로 자유를 허용하게 해 주십시오. 예배에 관해서는 우리가 당신을 높이고, 자주 성찬식으로 모이고, 서로와 당신이 보내 주시는 모든 이들을 받아주게 도와주십시오. 우리가 함께하는 삶 속에서 자신보다 서로를 높이면서 환영하고 경청하고 사랑하고 고백하고 용서하고 섬기고 위로하고 서로 짐을 나누고 서로 돌보고 기도하고 충실하고 최선의 모습을 이끌어 낸다는 '당신의' 공동체 비전을 실천하게 도와주십시오.

주님, 우리의 기도를 들으소서.

다양성을 환영하고 확대하게 해 주십시오. 죄인과 성도, 의심하는 이와 믿는 이, 구도자와 회의론자, 탕자와 바리새인, 젊은이와 노인, 기혼자와 미혼자, 리더와 추종자, 유명한 사람과 악명 높은 사람, 우리와 같은 인종과 다른 인종, 행복한 사람과 낙심한 사람, 돕는 사람과 도움을 필요로 하는 사람, 창의적인 사람과 집단주의적인 사람, 보수적인 사람과 진보적인 사람, 내국인과 외국인, 부유한 사람과 파산한 사람, 공립학교에 다니는 사람과 사립학교에 다니는 사람과 홈스쿨링을 하는 사람, 이 외에 우리가 만나는 모든 사람에게 우리의 삶과 마음과 집을 열게 해 주십시오. 우리는 서로의 독특한 경험과 시각을 유심히 듣고 그것에서 배우고 그것을 받아들이면서

'우리'[1]를 계속 확장하게 도와주십시오.

주님, 우리의 기도를 들으소서.

예수님은 받는 것보다 주는 것이 더 복 있고 섬김을 통해 위대해진다고 가르치셨습니다. 그분께 뿌리를 둔 교회로서 우리가 거부할 수 없는 후함으로 우리 자신을 내어 줄 수 있게 도와주십시오. 성경의 모든 단어가 옳고 좋고 참되다는 우리의 '보수적인' 믿음이 나눔과 사랑의 '진보적인' 삶으로 이어지게 도와주십시오. 우리를 위해 사는 것이 아니라 자신을 내어 주는 당신 나라의 운동에 매일 참여하게 도와주십시오. 우리는 당신께 사랑받는 제자입니다. 당신은 세상을 더 좋은 곳으로 만드는 목표로 세상을 '지극히 사랑하도록' 우리를 파송하셨습니다. 우리를 당신의 선한 일에 참여시켜 주십시오. 크리스천들이 사라지면 우리 도시와 마을, 이웃들이 슬퍼할 정도로 우리가 주변에 절대 거부할 수 없는 가치를 더하게 도와주십시오.

주님, 우리의 기도를 들으소서.

당신은 세상 사람들이 우리의 선행을 보고 하늘에 계신 우리 아버지께 영광을 돌리도록 세상에 빛을 비추도록 부르셨습니다. 우리의 신앙이 거부할 수 없는 매력을 지닌 공적 신앙이 되게 도와주십시오. 우리가 살고 일하고 노는 모든 곳에서 모든 이웃을 사랑하고 섬기게 해 주십시오. 신자, 구도자, 비신자 할 것 없이 모두가 공통의 관심사를 중심으로 온갖 정중한 대화를 나누게 해 주십시오. 그렇게 해서 당신의 진선미와 정의가 우리 시대에 가장 중심적이고 중요한 이슈가 되기를 원합니다. 자식을 기다리는 누가복음 15장의 아버지처럼 우리가 자신만을 위해서가 아니라 모든 이웃들을 위해 생명을 주고 은혜가 가득한 잔치를 열게 해 주십시오. 우리가 당신 나라의 증거가 되게 해 주십시오. 탕자들이 집에 들어오고 냉소주의자들이 방어자세를 풀고 잔치에 동참할 때 온 천국이 기뻐한다는 사실을 우리가 삶으로 보여 주게 해 주십시오.

주님, 우리의 기도를 들으소서.

우리와 신념이 다른 사람들과 친구가 되게 도와주십시오. 역사적인 기독교의 믿음, 윤리, 나눔, 자기부인, 반문화적인 속성을 경계하거나 의심의 눈초리로 보는 모든 이들을 우리의 예배와 잔치, 대화, 집, 삶 속으로 초대하게 해 주십시오.

주님, 우리의 기도를 들으소서.

어려운 이웃들을 위한 그리스도의 제자로서 우리가 거부할 수 없는 자비와 정의의 삶을 살게 해주십시오. 당신은 절망적인 상황에 처한 '우리'에게 오셔서 구해 주셨습니다. 우리가 이 은혜를 기억하며 빈민, 이민자, 난민, 소수 인종을 비롯한 소수자들, 자원이나 기회, 특권이 없는 이들의 영적, 사회적, 경제적, 직업적 상황을 개선하는 일에 특별한 관심을 쏟고 우리의 자원을 아낌없이 내놓게 해 주십시오. 힘 있는 자들이 힘없는 자들을 밟고 잘사는 것이 아니라 함께 잘 살아야 한다는 비전을 우리가 품게 해 주십시오. 부와 특권, 힘은 일부 사람들의 이권을 위해 움켜쥐어야 할 것이 아니라 만인의 유익을 위해 충성스럽게 관리하고 나누어야 할 것인 줄 믿습니다.

주님, 우리의 기도를 들으소서.

우리는 일을 통해 당신을 섬기기 위해 세상 속으로 보내심을 받았습니다. 그래서 우리가 성과 속이라는 그릇된 이분법을 벗어던지게 도와주십시오. 창출하는 일이든 회복시키는 일이든 모든 종류의 일이 목사와 선교사의 일이 아닌 바로 '당신의' 일이라는 의식으로 살아가게 해 주십시오. 크리스천들이 자신의 신앙과 일을 통합하도록 훈련시킬 능력과 자원을 주십시오. 크리스천들이 교회 안에서만이 아니라 사업, 교육, 사회봉사, 예술과 엔터테인먼트, 정부, 미디어, 그 외에 세상에 영향을 미치는 영역에서 거부할 수 없는 리더들이 되게 도와주십시오. 우리의 일이 세상을 치유하고 회복시키고 발전시키는 당신의 사명에 의미 있는 기여를 할 수 있도록 우리가 끈기와 목적 의식, 확신으로 일하게 해 주십시오.

주님, 우리의 기도를 들으소서.

마지막으로, 당신의 나라는 어느 하나의 교회나 공동체, 지역보다 훨씬 더 크므로 우리의 사람들만이 아니라 모든 사람들의 번영을 위해 기도하고 노력하기를 원합니다. 우리 교회만이 아니라 세상 모든 교회, 우리 도시만이 아니라 세상 모든 도시, 우리나라만이 아니라 만국을 위해 기도하기를 원합니다. 말, 글, 창의적인 일, 돈, 관계, 직업 등, 모든 통로를 통해 세상의 치유와 회복을 위한 당신의 비전에 동참할 기회를 보고 받아들이게 도와주십시오. 그리고 그 일을 위해 당신이 언제 어디서 누구를 통해 당신의 나라를 세우시든 축복하고 응원하게 해 주십시오. '당신'이 우리의 삶을 통해 이루시는 일에 대해 누가 관심이나 치하를 받는지 따지지 않는 겸손과 감사의 마음을 주십시오. 우리의 일은 우리 자신의 명예와 영광이 아니라 '당신의' 거부할 수 없는 이름과 영광을 높이는 것입니다. 모든 것이 당신에게서 비롯하기 때문입니다.

주님, 우리의 이 모든 기도를 들으소서. 아멘.[2]

프롤로그

1. Philip Yancey, *Soul Survivor* (New York: Random House, 2001), 175에 인용. 이 인용문의 원 출처는 존재하지 않는 것으로 보이지만 간디에 관한 다음과 같은 사실을 알려져 있다. (a)예수님의 말씀을 인용하고 매우 높이 평가했다. (b)자신의 인본주의적인 윤리가 주로 예수님에게서 비롯했다고 인정했다. (c)크리스천들이 자신에게 매우 잘못되게 행동했다고 생각했다. 자신을 대한 그들의 행동이 신약에 기록된 예수님의 모습을 전혀 닮지 않았다고 생각했다. (d)이것이 그가 기독교 대신 힌두교를 선택한 이유일 가능성이 높다. 필립 얀시, 《그들이 나를 살렸다》(포이에마 역간).

2. Fred Metcalf, *The Penguin Dictionary of Modern Humorous Quotations* (London: Penguin Books, 1987), 49에 인용.

3. Sarah Pulliam Bailey, "Q & A: Anne Rice on Following Christ Without Christianity," Christianity Today, 2010년 8월 17일, http://www.christianitytoday.com/ct/2010/augustweb-only/43-21.0.html.

4. Martyn Lloyd-Jones, *Studies in the Sermon on the Mount* (Grand Rapids: Eerdmans, 1971), 28 (강조 포함). 마틴 로이드 존스, 《산상설교》(베드로서원 역간).

5. Madeleine L'Engle, *Walking on Water: Reflections on Faith and Art* (New York: Convergent, 2001), 113.

_ PART 1

CHAPTER 1

1. Herman Melville, *Moby Dick* (New York: Scribner, 1902), 71. 허먼 멜빌, 《모비딕》.

2. Brennan Manning, *The Ragamuffin Gospel* (Colorado Springs: Multnomah, 2005), 11. 브레넌 매닝, 《하나님의 은혜》(규장 역간).

3. William Shakespeare, *Julius Caesar*, act 1, scene 3. 윌리엄 셰익스피어, 《줄리어스 시저》.

4. Martyn Lloyd-Jones, *Studies in the Sermon on the Mount* (Grand Rapids: Eerdmans, 1971), 34.

5. Samuel Johnson quotes from Tullian Tchividjian, *One Way Love: Inexhaustible Grace for an Exhausted World* (Colorado Springs: David C Cook, 2013), 208-9.

6. *Encyclopedia Britannica*, s.v. "Samuel Johnson," Robert Folkenfik, 2018년 7월 23일 확인, https://www.britannica.com/biography/Samuel-Johnson.

7. Blaise Pascal, *Pensées* (New York: Penguin Books, 1966), #409. 블레이즈 파스칼, 《팡세》.

8. Brennan Manning, *Abba's Child: The Cry of the Heart for Intimate Belonging* (Colorado Springs: NavPress, 2015), 42. 브레넌 매닝, 《아바의 자녀》(복있는사람 역간).

9. 마태복음 26:69-5와 요한복음 20:24-9를 보시오.

10. 이 생각은 나의 좋은 친구 스코티 스미스(Scotty Smith)에게서 얻은 것이다.

CHAPTER 2

1. C. S. Lewis, *Reflections on the Psalms* (New York: Harvest/HarcourtBooks, 1986), 55. C. S. 루이스, 《시편사색》(홍성사 역간).

2. Benjamin B. Warfield, "The Testimony of the Holy Spirit to the Bible," *Presbyterian and Reformed Review* 6, no. 23 (1895년 7월): 78 (강조 포함).

3. 웨스트민스터 신앙고백.

4. Antony Theodore, "Let Your Religion Be a Love Affair," PoemHunter, https://www.poemhunter.com/poem/let-your-religion-be-a-love-affair/.

5. William Cowper, "Love Constraining to Obedience."

6. William Dennison, *Essays in the Eschaton* (Eugene, OR: Wipf & Stock, 2015), 40에 인용.

7. Francis Schaeffer, *He Is There and He Is Not Silent* (Chicago: Tyndale, 2001).

8. *Encyclopedia Britannica*, s.v. "Jonathan Edwards," by Thomas A. Schafer, accessed July 24, 2018, https://www.britannica.com/biography/Jonathan-Edwards.

9. Jonathan Edwards, *The Works of President Edwards*, (New York: Robert Carter and Brothers, 1881), 1: 21-22.

10. 하이델베르크 교리문답 (1563), 문답 1.

11. C. S. Lewis, *The Complete C. S. Lewis Signature Classics* (New York: HarperOne, 2002), 503.

CHAPTER 3

1. C. S. Lewis, *Mere Christianity* (New York: Harper Collins, 1952), 134.

2. Westminster Shorter Catechism, question 1. C. S. 루이스, 《순전한 기독교》(홍성사 역간).

3. Blaise Pascal, *Pensées* (New York: Penguin Books, 1966), 75.

4. *The Lord of the Rings: The Two Towers*, Peter Jackson 감독 (Burbank, CA: New Line Cinema, 2002).

5. Robert Robinson, "Come, Thou Fount of Every Blessing" (1757).

6. Daniel Schorn, "Transcript: Tom Brady, Part 3; Tom Brady Talks to Steve Croft," CBS News, 2005년 11월 4일, https://www.cbsnews.com/news/transcript-tom-brady-part-3/.

7. Timothy Keller, *Counterfeit Gods* (New York: Penguin, 2009). 팀 켈러, 《내가 만든 신》(두란노 역간).

8. Charles Haddon Spurgeon, *The Treasury of David* (Peabody, MA: Hendrickson, 1988), 356.

9. C. S. Lewis, *The Weight of Glory and Other Addresses* (New York: HarperOne, 1980), 26. C. S. 루이스, 《영광의 무게》(홍성사 역간).

10. C. S. Lewis, *Mere Christianity* (New York: HarperOne, 1980), 50.

_ PART 2

CHAPTER 4

1. Thomas Wolfe, "The Anatomy of Loneliness," *American Mercury* 53, no. 214 (1941년 10월).

2. *Zelig*, Woody Allen 감독 (Burbank, CA: Warner Bros., 1983).

3. Brennan Manning, *Abba's Child: The Cry of the Heart for Intimate Belonging* (Colorado Springs: NavPress, 2015), 15.

4. 이 인용문은 그루초 막스(Groucho Marx)의 말이라는 이야기가 있다.

5. Scotty Smith, *Objects of His Affection* (West Monroe, LA: Howard, 2001), 68에 인용.

6. C. S. Lewis, *The Four Loves* (New York: Harcourt Brace, 1988), 121. C. S. 루이스, 《네 가지 사랑》(홍성사 역간).

7. Tony Reinke, "The Purifying Power of Delight in Christ," Desiring God (blog)에 인용, 2012년 8월 7일, http://www.desiringgod.org/articles/the-purifying-power-of-delight-in-christ.

8. Ann Voskamp, Twitter post, 2014년 6월 6일, 4:57 a.m., https://twitter.com/annvoskamp/status/474882708082941953.

CHAPTER 5

1. 이 멋진 말은 내가 한 말이 아니다. 최근 트위터에서 발견한 익명의 글이다.

2. Dietrich Bonhoeffer, *Life Together* (New York: Harper & Row, 1954), Kindle edition. 디트리히 본회퍼, 《성도의 공동생활》(복있는사람 역간).

3. John de Grutchy 편집, *Dietrich Bonhoeffer: Witness to Jesus Christ* (Minneapolis: Fortress Press, 1991), 182.

4. Larry Alex Taunton, "Listening to Young Atheists: Lessons for a Stronger Christianity," Atlantic에 인용, 2013년 6월 6일, http://www.theatlantic.com/national/archive/2013/06/listening-to-young-atheists-lessons-for-a-stronger-christianity/276584/2/.

5. Rebecca Manley Pippert, *Hope Has Its Reasons* (Downers Grove, IL: InterVarsity, 2001), 99.

6. Jeff Hays, "I Love Beer and Jesus," Scott Sauls (blog), 2017년 7월 3일, https://scottsauls.com/2017/07/i-love-beer-and-jesus/.

7. Anne Lamott, "Anne Lamott Shares All That She Knows: 'Everyone Is Screwed Up, Broken, Clingy, and Scared,'" Salon, 2015년 4월 10일, https://www.salon.com/2015/04/10/anne_lamott_shares_all_that_she_knows_everyone_is_screwed_up_broken_clingy_and_scared/.

8. Joseph Hart, "Come Ye Sinners, Poor and Wretched," (1759).

9. Scott Sauls, "Last Year, Self-Loathing Ruined My Easter, and I'm Sort of Glad That It Did," *Scott Sauls* (blog), 2017년 4월 17일, https ://scottsauls.com/2017/04/confessions/.

10. Dan B. Allender와 Tremper Longman III, *Intimate Allies: Rediscovering God's Design for Marriage and Becoming Soul Mates for Life* (Wheaton, IL: Tyndale, 1995).

11. Vivek Mathur, *Cracking into Super Brains with 6,000 Supreme Quotes* (New Delhi: Studera Press, 2017), 376에 인용.

12. 짐 모리슨의 비극적인 이야기는 Jerry Hopkins와 Daniel Sugerman, *No One Here Gets Out Alive: The Biography of Jim Morrison* (New York: Warner, 1980)에서 자세히 읽을 수 있다.

13. 이 인용문은 (Oscar Wilde)가 한 말이라는 이야기가 있지만 정확한 출처는 알려져 있지 않다.

CHAPTER 6

1. William Shakespeare, *Macbeth*, 5막 5장. 윌리엄 셰익스피어, 《맥베스》.

2. Chris Armstrong, "J. R. R. Tolkien and C. S. Lewis: A Legendary Friendship,"

*Christianity Today*에 인용, 2008년 8월 8일, http://www.christianitytoday.com/
history/2008/august/j-r-r-tolkien-and-c-s-lewis-legendary-friendship.html.

3. 이 이야기는 1992년 봄 커버넌트 신학교 변증법과 아웃리치 수업에서 제람 바스(Jerram Barrs) 교수가 해 준 이야기이다. 바스 교수는 English L'Abri의 창립자이자 프랜시스 쉐퍼의 제자로서 이 일화를 전해 준 것이다.

4. Lee Strobel, *The Case for Christ* (Grand Rapids: Zondervan, 1998), Kindle edition. 리 스트로벨, 《예수는 역사다》(두란노 역간).

5. Justin Taylor, "Why It Matters Theologically and Historically That Women Were the First to Discover the Empty Tomb," *The Gospel Coalition*, 2014년 4월 15일, https://blogs.thegospelcoalition.org/justintaylor/2014/04/15/why-it-matters-theologically-and-historically-that-women-were-the-first-to-discover-the-empty-tomb/.

6. C. S. Lewis, *God in the Dock: Essays on Theology and Ethics* (Grand Rapids: Eerdmans, 1970), 66. C. S. 루이스, 《피고석의 하나님》(홍성사 역간).

7. Simon Greenleaf, *An Examination of the Testimony of the Four Evangelists by the Rules Administered in Courts of Justice* (Boston: Charles C. Little and James Brown, 1846), 37.

8. Anne Rice, *Called Out of Darkness: A Spiritual Confession* (Canada: Random House, 2008), 155.

9. 기독교에 관한 "많은 증거"를 더 확인하고 싶다면 Timothy Keller, *Reason for God, Making Sense of God*, C. S. Lewis, *Mere Christianity*, Lee Strobel, *The Case for Faith*, Josh McDowell, *More Than a Carpenter*, G. K. Chesterton, *Orthodoxy*를 추천한다. 팀 켈러, 《하나님을 말하다》(두란노 역간), 《답이 되는 기독교》(두란노 역간). C. S. 루이스, 《순전한 기독교》(홍성사 역간). 리 스트로벨, 《특종! 믿음 사건》(두란노 역간). 조쉬 맥도웰, 《누가 예수를 종교라 하는가》(두란노 역간). G. K. 체스터턴, 《정통》(아바서원 역간).

10. 하이델베르크 교리문답, 질문 1을 보시오.

11. 이 표현은 내 친구인 싱어송 라이터 제레미 카셀라(Jeremy Casella)의 앨범 제목에서 가져온 것이다.

12. Andrew Wilson, "The Strange Encouragement of the Church's Appalling History," *Christianity Today*, 2017년 3월 17일, http://www.christianitytoday.com/ct/2017/april/strange-encouragement-of-churchs-appalling-history.html.

13. R. F. Christian 편집, *Tolstoy's Letters* (Oxford: Athlone Press, 1978), 2: 362-63.

14. 한 강연회에서 강사가 이 말을 래비 재커라이스(Ravi Zacharias)의 말로 인용하는 것을 들었다.

15. "'우리'를 계속 확장한다"라는 표현은 원래 우리 그리스도 장로교회의 교인 브랜디 켈

레트(Brandi Kellett) 박사가 처음 쓴 표현이다.

16. 이 글은 테네시 주 내슈빌 그리스도 장로교회의 비전 진술서에서 가져온 것이다. 전문은 christpres.org에서 확인할 수 있다.

17. C. S. Lewis, *The Last Battle* (London: Macmillan, 1956), 173.

_ PART 3

CHAPTER 7

1. Daniel T. Niles, *That They May Have Life* (New York: Harper and Brothers, 1951), 96.

2. Nicholas Kristof, "Evangelicals Without Blowhards," *New York Times*, 2011년 7월 30일, http://www.nytimes.com/2011/07/31/opinion/sunday/kristof-evangelicals-without-blowhards.html(이탤릭체 강조).

3. Petr H., "25 Countries with the Lowest Life Expectancy in the World," List 25, 2016년 5월 19일 업데이트, https://list25.com/25-countries-with-the-lowest-life-expectancy-in-the-world/.

4. Khushboo Sheth, "Countries with the Highest Infant Mortality Rates," WorldAtlas.com, 2017년 4월 25일 업데이트, https://www.worldatlas.com/articles/countries-with-the-highest-infant-mortality-rates.html.

5. "11 Facts About Human Trafficking," DoSomething.org, https://www.dosomething.org/us/facts/11-facts-about-human-trafficking.

6. "US Abortion Patients," infographic, Guttmacher Institute, https://www.guttmacher.org/united-states/abortion/demographics.

7. N. T. Wright, *Early Christian Letters for Everyone: James, Peter, John and Judah* (London: Westminster John Knox Press, 2011), 10. 톰 라이트, 《모든 사람을 위한 공동서신》 (IVP 역간).

8. "Life Is Sacred"에 인용, Human Coalition, https://www.humancoalition.org/graphics/life-is-sacred/.

9. Robert Frank, "Millionaire Says 'Money Prevents Happiness'"에 인용, *Wall Street Journal*, February 9, 2010, https://blogs.wsj.com/wealth/2010/02/09/millionaire-says-money-prevents-happiness/.

10. Joseph Hart, "Come Ye Sinners, Poor and Wretched," 1759.

CHAPTER 8

1. 몇 년 전 우리 교회는 '신앙과 일의 분리'라고 부를 수 있는 이 만연한 문제를 다루고자

내슈빌신앙일협회(Nashville Institute for Faith and Work (NIFW))를 설립했다. 우리는 주로 도시의 크리스천들에게 그들의 좋은 일뿐 아니라 신앙을 떠나서 모든 이들의 좋은 일이 세상을 치유하고 새롭게 하고 변화시키기 위한 하나님 계획의 핵심이라는 비전을 심어 주기 원한다. 이 협회의 비전 진술서는 다음과 같다.

"내슈빌신앙일협회는 개인들과 단체들이 기독교 신앙을 매일의 일과 통합함으로 내슈빌에서 시작하여 인간과 조직의 번영을 가져오게 하는 데 전념한다. 미국인들이 평균적으로 평생 8만 시간 이상을 일하는 것을 생각하면 일터를 개인의 마음, 지역 사회, 세계를 새롭게 할 기회로 보는 것이 중요하다. 일에 의욕을 느끼는 이들이 있는가 하면 일을 싫어하는 이들도 있다. 일을 돈벌이 수단으로만 보는 이들이 있는가 하면 일을 자기 정립과 하나님에 대한 영광의 원천으로 보는 이들도 있다. … 목회나 선교, 의료, 비영리 봉사만이 아니라 모든 좋은 일이 하나님께 중요하다는 사실을 이해하고 받아들여 이 세상을 위한 하나님의 구속적인 계획에 참여해야 한다." 이 외에 Washington Institute (Washington, DC), the Institute for Faith, Work, and Economics (McLean, VA), Made to Flourish (Overland Park, KS), the Redeemer Center for Faith and Work (New York) 같은 단체들의 목적은 사람들이 각자의 일을 통해 하나님과 이웃을 사랑하도록 훈련시켜 세상 속으로 파송하는 것이다.

2. "What Everyone in the World Wants: A Good Job," Gallup, 2015년 6월 9일, http://news.gallup.com/businessjournal/183527/everyone-world-wants-good-job.aspx (강조 포함).

3. Steve Crabtree, "Worldwide, 13% of Employees Are Engaged at Work," Gallup, 2013년 10월 8일, http://news.gallup.com/poll/165269/worldwide-employees-engaged-work.aspx.

4. Office Space quotes, IMDb, http://www.imdb.com/title/tt0151804/characters/nm0574540?ref_=ttfc_fc_cl_t16.

5. Jacqui Frank와 Julie Bort, "Billionaire Minecraft Founder Markus Persson Proves Money Doesn't Buy Happiness," Business Insider, 2015년 10월 6일, http://www.businessinsider.com/man-who-sold-minecraft-to-microsoft-markus-persson-success-2015-10.

6. Gary Rivlin, "In Silicon Valley, Millionaires Who Don't Feel Rich," *New York Times* 2007년 8월 5일, http://www.nytimes.com/2007/08/05/technology/05rich.html.

7. Andrea Park, "Michelle Williams Shares That She Experienced Depression While She Was in Destiny's Child," *Glamour*, 2017년 10월 19일, https://www.glamour.com/story/michelle-williams-depression-destinys-child.

8. Dorothy Sayers, *Why Work? Discovering Real Purpose, Peace, and Fulfillment at Work: A Christian Perspective* (Charleston: Createspace Independent Publishing, 2014), 페이지는 알려져 있지 않음.

9. 이 개념을 팀 켈러의 설교에서 처음 들었다.

10. Friedrich Nietzsche, *Basic Writings of Nietzsche* (New York: Random House, 2000), 274.

11. Victor A. Ginsburgh와 David Throsby 편집, *Handbook of the Economics of Art and Culture*, (Oxford: Elsevier, 2014), 2: 102에 인용.

12. David Brooks, *The Road to Character* (New York: Random House, 2015), 84에 인용. 데이비드 브룩스, 《인간의 품격》(부키 역간).

13. "What a NASA Janitor Can Teach Us About Living a Bigger Life," 9News.com, 2014년 12월 24일, http://www.9news.com/life/what-a-nasa-janitor-can-teach-us-about-living-a-bigger-life/249959382.

14. Frederick Buechner, *Wishful Thinking: A Theological ABC* (New York: Harper & Row, 1973), 95. 프레드릭 뷰크너, 《통쾌한 희망사전》(복있는사람 역간).

15. Madeleine L'Engle, *Walking on Water: Reflections on Faith and Art* (New York: Convergent, 2001), 42.

16. Timothy Keller와 Katherine Leary Alsdorf, *Every Good Endeavor: Connecting Your Work to God's Work* (New York: Penguin, 2014), 15. 팀 켈러와 캐서린 리어리 알스도프, 《일과 영성》(두란노 역간).

CHAPTER 9

1. H. G. Wells, *A Short History of the World*, Timothy Keller, *The Reason for God* (New York: Penguin, 2008), 237에 인용. 허버트 조지 웰스, 《H. G. 웰스의 세계사 산책》(옥당 역간), 팀 켈러, 《팀 켈러, 하나님을 말하다》(두란노 역간) .

2. 위의 책, 237.

3. Laurence J. Peter, *Peter's Quotations: Ideas for Our Time* (New York: Harper Collins, 1977)에 인용.

4. Dan Colman, "Aldous Huxley, Dying of Cancer, Left This World Tripping on LSD (1963)," Open Culture, 2011년 10월 15일, www.openculture.com/2011/10/aldous_huxleys_lsd_death_trip.html.

5. Paul Kurtz와 Edwin H. Wilson, *Humanist Manifesto* II, 1973 (강조 포함).

6. Susan Krauss Whitbourne, "Is Facebook Making You Depressed?" *Psychology Today*, 2017년 10월 14일, https://www.psychologytoday.com/us/blog/fulfillment-any-age/201710/is-facebook-making-you-depressed.

7. 어떤 이들은 말라기 3장 10절과 마태복음 23장 23절 등을 근거로 한 '최소 10퍼센트; 원칙이 교회에만이 아니라 모든 기부에 적용된다고 주장한다. 물론 맞는 말이다. 하지만 신약을 읽어 보면 크리스천의 나눔이 주로 교회에 대해 이루어져야 한다는 점을 부인하기 어렵다.

8. Ruth Moon, "Are American Evangelicals Stingy?" *Christianity Today*, 2011년 1월

31일, https://www.christianitytoday.com/ct/2011/february/areevangelicalsstingy. html.

위의 책.

10. Timothy Keller, *Generous Justice* (New York: Penguin, 2016), Kindle edition. 팀 켈러, 《정의란 무엇인가》(두란노 역간).

11. Isaac Watts, "Joy to the World!" (1719).

12. John Piper, "All God's Commands Are Possible with God"에 인용, *Desiring God*, 1993년 6월 9일, https://www.desiringgod.org/articles/all-gods-commands-are-possible-with-god.

13. James Davison Hunter, *To Change the World* (New York: Oxford University Press, 2010), Kindle edition. 제임스 데이비슨 헌터, 《기독교는 어떻게 세상을 변화시키는가》(새물결플러스 역간).

14. 위의 책.

부록

"'우리'를 계속 확장한다"라는 표현은 우리 교회 교인 브랜디 켈레트 박사가 처음 쓴 표현이다.

"Dream for a Better Tomorrow"에서 발췌 수정, *Christ Presbyterian Church*, Nashville, Tennessee (christpres.org).